딸아
주식공부
하자

딸아
주식공부
하자

초판 1쇄 발행 2022년 7월 15일
초판 3쇄 발행 2024년 12월 30일

지은이 이주택

발행인 장상진
발행처 (주)경향비피
등록번호 제2012-000228호
등록일자 2012년 7월 2일

주소 서울시 영등포구 양평동 2가 37-1번지 동아프라임밸리 507-508호
전화 1644-5613 | **팩스** 02) 304-5613

ⓒ이주택

ISBN 978-89-6952-512-3 03320

아이를 부자로 키우는 아빠의 경제 수업

★

feat 주식 투자

딸아
주식공부
하자

인플레이션, 고금리, 고환율에서 살아남는 법

• 이주택 지음 •

경향BP

  아빠가 코로나19 사태로 너를 한국에 보내고 미국에서 혼자 지내다가 2년 만에 너를 보러 한국에 왔어. 벌써 6살이 된 너를 보며 아빠는 얼마나 기쁜지 몰라. 미국에서 2년간 혼자 보내면서 행여나 바이러스에 감염되어 죽을 수도 있다는 생각을 했단다. 그래서인지 유언처럼 너에게 해 주고 싶은 말이 무척 많더라.

  네가 초등학교에 들어가고, 중학생·고등학생을 거쳐 대학생이 됐을 때, 그리고 직장을 구하고 결혼을 할 때 아빠가 해 줄 말이 많을 텐데 그때마다 내가 없다면 하고 생각하니 마음이 아프더구나. 그래서 2022년 안식년을 맞아 찾아온 한국에서 첫 투자 관련 책을 쓰기 시작했어.

  미국에서 '반교수TV' 유튜브를 운영하며 삶을 살아가는 데 필요한 많은 지혜의 말을 네게 남겼지만, 이 책으로 좀 더 영구적으로 네가 부자가 되어 경제적 자유를 달성하는 걸 도와주고 싶구나. 네가 처음으로 투자할 수 있는 돈을 모은 뒤 재테크를 고려할 때 필요한 참고서가 되리라고 믿어. 아빠가 20년간 주식 투자를 해 오면서 깨우친 모든 비법을 이 책에 정리해 놓았단다.

첫 직장을 잡고 30대, 40대가 된 네가 이 책을 읽으면서 경제적 문맹에서 벗어나서 경제적 독립을 이루어 나가는 것을 보고 싶구나. 네가 현명하고, 행복한 투자 원칙을 확립하고, 의지력 있게 실천하며 좋은 투자 습관을 만들어서 부자가 되었으면 해. 무엇보다 세상에 선한 영향력을 끼치는 빛으로 당당하게 세상을 살아가기를 바란단다.

이렇게 한국에 와 있는 동안 너와 함께 지내며 너에게 이렇게 긴 편지를 쓰게 될 수 있어서 무척 기쁘구나. 딸! 서울과 대구를 오가며 연구실과 카페에 앉아 이 글을 쓰고 있는 시간들이 정말 행복하단다. 지금부터 아빠가 하는 말이 네가 경제적 자유로 가는 길에 좋은 이정표가 되고 좋은 빛이 되어 주길 바란단다. 사랑한다.

아빠가

머리말 • 4

왜 주식 투자를 해야 하는가?

경제적 자유를 누리려면 얼마의 돈이 필요할까? • 13

어떤 삶을 살고 싶은가? • 17

돈에 대한 가치관을 가져라 • 20

위험도를 높이면 투자 수익률은 올라간다 • 23

지나치게 믿거나 지나치게 불신하지 않는다 • 25

혁신은 시간을 두고 전파된다 • 34

돈은 어디로 흘러가는가? • 38

무엇을 사는지 정확하게 알아라 • 42

주식 투자는 서핑처럼 해라 • 48

자기만의 원칙을 세워라

복리 효과 72의 법칙을 기억해라 • 54

안전장치 돈을 따려 하지 마라 • 57

자산 배분 나비처럼 날다가 벌처럼 쏴라 • 61

장기 투자 철저히 공부하고 시작해라 • 71

안목 끊임없이 공부하고 연구해라 • 79

분산 투자 나의 새로운 직업은 포트폴리오 매니저이다 • 83

레버리지 투자 절대로 빚내서 투자하지 마라 • 89

시장 예측 예측하는 사람은 모두 사기꾼이다 • 92

원칙 원칙을 실천하려고 노력해라 • 95

적절한 전략은 필수다

DCA 적립식 투자 주식 시장이 우상향할 때 좋다 • 102
가치투자 주식은 무조건 싸게 사라 • 105
성장투자 잠재력이 강한 회사에 투자해라 • 114
모멘텀 투자 오른 놈이 계속 오른다? • 119
매수 매도 타이밍 위기가 기회다 • 122
수익 실현과 손실 방어 언제 열매를 따야 하는가? • 126

대가의 입장에서 생각해라

시간이 지나면 결국 다 올라간다 • 136
주가 뒤에 숨은 내재적 가치를 봐라 • 138
미디어에 흔들리지 마라 • 141
후회하지 마라. 기회는 다시 온다 • 144
바닥일 때 분할 매수하는 습관을 들여라 • 146
꽃을 꺾고 잡초에 물 주지 마라 • 148
좋은 멘토의 말을 귀담아 들어라 • 150

부자가 되기 위해 명심해야 할 것들

장기 주식 투자는 인생과 비슷하다 • 155

과거는 미래를 말할 수 없다 • 159

위기에는 유연성 있게 포트폴리오를 조정해라 • 162

열정보다 인내가 중요하다 • 164

기다림의 시간을 잘 버텨라 • 166

돈을 따려는 욕심을 버리고 잃지 않으려고 노력해라 • 168

확신하지 말고 겸손하게 시장을 바라봐라 • 172

지나간 것은 지나간 것이다 • 174

진짜 고수는 이 주식 저 주식 기웃거리지 않는다 • 178

나방처럼 투자하지 말고 나비처럼 유유히 날아라 • 181

장기판에 훈수 두듯이 투자해라 • 185

믿고 투자했다면 흔들리지 말고 지켜봐라 • 187

개인은 기관보다 시간이 더 많고 유연성이 있다 • 189

'신의 한 수' 같은 건 없다 • 192

처음 투자할 때의 초심과 열정을 유지해라 • 195

포기하지 않고 길을 찾다 보면 터널의 끝이 보인다 • 197

부록

나는 주린이인가? 고수인가? • 199

왜 주식 투자를 해야 하는가?

경제적 자유를 누리려면
얼마의 돈이 필요할까?

행복은 긍정적인 마음, 가족, 돈, 직장, 신앙 등 많은 것을 이루어 가는 과정 가운데 모든 것이 잘 조화를 이루어 결합되어야 만들어지는 복합적인 성격을 가지고 있어. 에리히 프롬Erich Fromm이 말했듯이 인간은 행복하기 위해서 자유를 마음껏 누리고, 사랑과 생산(성장)을 계속해서 해야 해.

그중에서 자유는 아빠가 사는 미국에서 무엇보다 중시되는 가치로 미국 헌법에서 가장 근본적인 기초 개념이야. 언론 표현의 자유, 종교의 자유, 집회의 자유와 사생활 보호 등 미국인들은 자유를 무엇보다도 중요하게 여긴단다. 국가를 비롯하여 조직이나 사람들로부터 자유를 누리며 활동하고 자신의 사고를 펼쳐 가는 것은 그 사람의 행복을 결정하는 중요한 척도란다.

이 자유에는 경제적 자유도 포함돼. 가난으로 인해 불안감을 느끼거나, 생존에 필요한 물질이 제한될까 봐 두려움을 느끼며 생활하거나, 직장을 잃을까 봐 조직이나 사회에서 자신의 생각을 마음껏 표현하지 못하고, 물질적 한계로 인해 하고 싶은 활동을 할 수 없고, 여행 등을 갈 수 없다는 것은 인간을 불행하게 만들 수 있어.

무엇보다도 내일 먹을 식량을 걱정하고, 다음 달 월세를 걱정하고, 아파도 병원에 갈 비용을 댈 수 없는 상황은 사람들에게 스트레스를 받게 해. 경제적인 문제로 인한 고통과 불확실성 속에서는 쉽게 행복해지기 어려워.

자본주의 사회에서는 어느 정도의 부를 획득해야만 정신적 고통 없이 자유롭게 살 수 있단다. 네 삶의 모든 여정은 이 자유를 찾고 행복을 이루는 과정이라고 할 수 있어. 더 나아가 쌓은 부를 사랑을 통해 누군가와 나눌 수 있다면 더 행복할 수 있겠지.

부의 축적을 통한 경제적 자유는 굉장히 주관적인 개념이라 사람마다 기준이 달라. 2015년 노벨경제학상 수상자인 앵거스 디톤Angus Deaton 교수는 2010년 미국에서는 연봉 7만 5,000달러까지는 돈을 많이 버는 만큼 행복감이 빠르게 올라가지만, 그 이상 벌면 행복감은 거의 비슷하다는 연구 결과를 발표했어. 물론 지금은 그동안 물가 상승이 있었으니 그 수준이 조금 더 올라갔겠지. 한국에서는 지금 기준이 4,000만 원 정도라고 해. 이처럼 일정한 금액 이상의 돈을 벌면 많은 돈이 꼭 행복을 가져다주지는 않아.

욕심이 많은 사람은 은퇴할 때 100억 원을 모아도 부족하다 생각할 것이고, 작은 것에 감사하고 만족하는 사람은 10억 원만 있어도 부자라고 생각하며 남은 인생을 검소하게 살아갈 수 있겠지. 자신이 경제적 자유를 이루기 위해서는 얼마의 돈이 필요할지에 대해 곰곰이 생각해 보는 게 좋아. 2020년 현재 여성의 기대수명은 86.5세이니까 65세에 은퇴를 한다면 최소 20년 이상을 살아갈 수 있는 돈이 필요할 거야. 지금의 물가수준으로는 사망 시까지 연금이 나오는 직장을 다니면 괜찮겠지만, 그렇지 못한 경우도 대비해야겠지.

20년 후에는 물가가 많이 올라 생활비가 지금보다 더 많이 필요할 거야. 지난 2002년부터 20년간 미국은 인플레이션이 59.8% 정도 발생했는데, 1년에 물가가 2% 상승한다고 한다면 20년 후면 49% 정도 발생하게 돼. 물론 소득이 적으면 세금은 덜 내게 돼.

모든 것을 고려해서 20년 후에 매년 얼마나 가지고 있으면 경제적으로 부담 없이 행복하게 살 수 있을까를 미리 생각하고 계획하는 것은 정말 중요해. 그때가 돼서 20년을 계획해서 돈을 모으기 시작한다는 것은 불가능하거든. 지금 세금을 낸 이후에 1년에 2,000만 원이면 충분히 살 수 있다고 믿어도, 20년 후에는 49% 오를 물가를 고려해서 2,980만 원 정도는 있어야 하고, 1년에 한두 번은 여행을 가고 싶다거나 계속 오르는 물가 상승을 여유 있게 생각한다면 4,000만 원 정도가 필요하겠지.

따라서 은퇴 후에 20년을 산다고 가정하면 최소 8억 원 이상이 필요해. 불쌍한 이들을 위한 재단을 세우거나 더 큰 목적이 있다면 추가로 필요한 돈이 어느 정도 있을지도 계산해야 해. 이렇게 단순하게 계산할 수도 있겠지만, 개인의 사정에 따라 더 많은 것을 고려해야 하는 경우도 있어. 물론 이 금액은 65세까지 일을 해서 꾸준한 수입이 있을 거라는 가정하에 나온 거야. 50세에 은퇴를 해서 36년을 더 살아야 한다면 15억 원 정도가 필요하겠지.

8억 원이든 15억 원이든 가장 중요한 것은 네가 은퇴할 때 어떤 목표를 가지고 있고, 얼마의 돈이 필요할지를 정확하게 알고 투자를 시작해야 한다는 거야. 무작정 부자가 되고 싶다는 마음으로 투자를 시작하면 짧은 시간에 많은 수익을 얻으려는 막연한 생각에 욕심이 지나치게 작용하고 조급해질 수 있기 때문이야.

현재가치가 미래가치보다 높은 것처럼 현재의 삶이 미래의 삶보다 중요할 수 있는데, 목표금액 없는 투자는 현재의 삶을 불행하게 만들 수 있거든. 실현 가능한 목표를 세우고 은퇴자금을 계산해 놓는 것이 지금 너의 삶을 더욱 행복하게 영위할 수 있게 해 준단다.

어떤 삶을
살고 싶은가?

투자를 시작하기 전에 무엇보다도 중요한 것은 자신의 삶에서 추구하고자 하는 목적이 무엇인지를 뚜렷이 알아야 하는 것이야. 지금 20년 후에 얼마가 필요할지 대략적인 계산을 하지만, 목적이 뚜렷하지 않으면 가늠하기가 쉽지 않거든. 하지만 목적이 선명해지면 얼마의 돈이 필요한지를 좀 더 구체적으로 계산할 수 있어.

먼저 네가 살아가는 목적이 무엇인지를 생각해 봐. 삶에는 사람마다 걸어가야 할 다양한 길이 있는데 어떤 길을 선택하여 어떻게 걸어가느냐에 따라 삶에 많은 변화가 일어나게 돼. 어릴 때는 학교나 학원에서 배우는 것들이 전부라서 앞으로 네가 어떤 학교에서 어떤 전공을 선택해서 어떤 직장을 잡게 될지 모르고, 결혼을 하게 될지 혼자 살게 될지도 모르지. 하지만 너의 전공을 선택하고, 직장을 선택하고, 결혼 여부를 정하고 배우자를 선택한다면 너의 길이 많이 바뀌게 될 거야.

결혼을 하고 아이가 생기면서 원하던 길에서 잠시 벗어날 수도 있고, 복귀하여 계속해서 커리어를 쌓아가다 보면 사회에서 존경받는 인물이 될 수도 있을 거야. 하지만 그마저도 인생길의 중간 어디쯤일 테고, 결국엔 은퇴 후의 삶을 고민하기 시작할 때가 오게 돼.

어떠한 길을 걸어가든 열심히 살면 그 길의 끝에는 어느 정도의 부와 재산이 축적될 거야. 그 돈을 어떻게 써야 할지, 목적을 미리 정해 놓으면 너에게 좋은 이정표가 되어 줄 것이고, 그 부와 재산을 모으는 데 좋은 동기부여가 될 거야. 돈은 힘들 때 너를 일으켜 주는 위로가 되어 줄 거야.

만약 좋은 목적이 생각나지 않으면 주변에 사랑을 나누는 것도 좋아. 사랑을 나누면 행복해져. 카네기처럼 은퇴한 후 많은 돈을 기부하고 교육기관 등을 지어 사회에 환원하는 것도 하나의 목적이 될 수 있어. 아니면 직접 사랑을 베풀기 위해 가난한 이들을 찾아다니며 모은 돈으로 많은 사람을 구제할 수도 있어.

아니면 네가 가고 싶은 나라들을 여행하며 다양한 문화와 사람들을 체험하면서 남은 인생을 즐길 수도 있어. 네가 만약에 아이들을 낳게 되면 그 아이들의 건강한 미래를 위해 쓸 수도 있겠지.

수십억, 수백억 원의 돈을 모아서 어떤 일을 할지 구체적으로 적어 놓고, 죽기 전에 하고 싶은 너의 버킷리스트를 미리 적어 보는 건 장기적으로 너에게 동기를 부여해 주며 큰 도움이 될 거야. 삶은 참 복잡하고 미묘해서, 항상 평탄하게만 흘러가진 않아. 아빠도 대학교

때, 유학을 할 때 그리고 직장 생활을 하는 가운데 어려움을 겪은 적
이 많아.

어떤 길을 선택하여 걷든 그 길에는 웅덩이도 있고, 넘어야 할 장
애물도 있고, 심할 때는 길이 끊기고 막힐 때도 있어. 험하고 가파른
오르막길을 오를 때도 있고, 먼 길을 돌아서 가야 할 때도 있고, 어떨
때는 다시 원점으로 돌아가는 경우도 있어.

이렇게 어둡고 불확실한 길을 걸을 때 너에게 빛이 되어 줄 수 있
는 것이 네 삶의 목적이 아닐까? 긴 인생 여행에서 너를 기다리는 사
람들이 있고, 너의 사랑을 필요로 하는 사람들이 어딘가에서 기다리
고 있다고 생각한다면 어둠 가운데서도 꿋꿋이 버틸 수 있을 거야.

돈에 대한
가치관을 가져라

네가 아직은 어려서 돈에 대한 가치관이 생기지 않았겠지만 자본주의를 살고 있는 우리들에게 돈에 대한 정확한 가치관을 가지는 것은 정말 중요하단다. 돈은 중립적인 개념이라 널리 사람을 이롭게 할 수도 있고, 오히려 사람을 해치는 도구로 사용되기도 한단다. 자신이 투자한 돈이 많은 사람에게 상처를 주고 그들을 희생시키는 쪽으로 사용되길 원하진 않을 거야.

돈은 검소한 사람에게는 저절로 모이는 습성이 있단다. 절약하고 아끼는 사람들에게 돈이 모이는 건 지극히 정상적인 상황이지. 네가 어려서부터 아껴 쓰는 습관을 들인다면 나중에는 많은 돈이 모이게 될 거야. 아껴서 절약하는 방법은 여러 가지가 있는데 우선적으로 자신이 원하는 것과 필요한 것으로 나누는 것이 필요해. 원하는 것이 많은 사람일수록 검소하기가 어렵고 돈이 모이기 힘들어. 부유한 집에서 태어난 사람도 욕심을 내어 너무 많은 것을 원하다 보면 가난해

지기 쉽단다.

　원하는 것, 가지고 싶은 것이 많아질수록 돈은 부족하게 되고, 저축은 불가능하게 돼. 돈보다 돈으로 살 수 있는 물건을 필요 이상으로 모으기 시작하면 쓸 수 있는 돈은 부족해지고, 다른 사람들과 나누는 것조차도 불가능하게 돼. 자신이 생활하는 데, 가까운 목표들을 달성하는 데 필요한 것이 무엇인지를 파악하고 아껴서 돈을 사용하면 돈이 모이게 될 거야.

　짧게는 한 달, 길게는 1~5년 안에 얼마큼의 돈을 모을지 목표를 세우고, 그 목표를 이루는 데 매달 저축해야 할 돈과 자원들이 얼마나 필요한지를 파악하는 것이 중요해. 그리고 그 목표를 달성하는 과정에서 일어날 수 있는 갑작스런 의료비 같은 위험 요소들도 생각해서 대비해 놓아야 해. 물론 이 단기적인 저축 목표들 또한 장기적으로 부자가 되는 목적을 위해 필요한 것들이야.

　이쯤에서 소비와 투자에 관해서 이야기해 볼게. 소비는 돈을 써서 없어지는 상황이라 볼 수 있고, 투자는 돈이 스스로 일을 하게 해서 불리는 상황을 말해. 따라서 소비를 줄이고 투자를 늘리는 것이 부자가 되는 길이라고 할 수 있지. 그렇기 때문에 원하는 것과 필요한 것을 잘 구분해서 소비를 최대한 줄이는 삶을 사는 것이 중요하단다.

　물론 원하는 것을 줄이려면 욕심을 버리고 절제하는 것이 중요해. 그 욕심은 다양한 곳에서 생겨나게 돼. 그냥 갖고 싶고 먹고 싶다는 본능적인 감정에서 나올 수도 있고, 포모FOMO: Fear of Missing Out로 인해 누군가가 갖고 먹고 하는 것을 따라 하게 되면서 생길 수도 있어. 이성적으로 통제가 되지 않는 경우가 많아서 욕심을 버린다는 것은 정말 큰 노력이 필요해.

이렇게 욕심을 버리고 소비를 줄여 나가면 돈이 모이게 되고, 3,000만 원이든 1억 원이든 종잣돈이 마련되어 그 돈으로 투자를 할 수 있게 돼. 투자는 누군가에게 돈을 빌려 주거나 투자 가치가 있는 물건을 사서 가치value의 증식이라는 결과를 가져와.

돈의 가치는 달러와 같은 다른 나라 돈을 사서 환율이 상승하여 오르는 경우도 있고, 부동산과 금·은 또는 주식과 같은 자산에 투자하여 인플레이션으로 인해 자산 가치가 상승하면서 올라가기도 해. 아니면 그 돈을 빌려 주어 이자를 받거나, 배당을 받아 투자 금액이 늘어나기도 하지. 결국 투자한 돈은 오랜 시간이 지나면 어떤 식으로든 그 가치가 상승하여 수익으로 돌아오게 된단다.

위험도를 높이면
투자 수익률은 올라간다

    이번에는 위험risk에 대해서 얘기해 볼게. 인생에서도 항상 위험이 따르듯이, 많은 조직에서 프로젝트를 진행할 때는 위험을 항상 염두에 둔단다. 위험을 염두에 두고 대비해 놓지 않으면 삶이 힘들어지는 경우가 많아. 사람들은 이 위험에 대비하기 위해 보험과 같은 것을 마련하고 돈을 저축하는 등 여러 가지 헤지hedge를 하지.

    이 위험의 수치를 위험도라고 할 수 있는데, 위험도를 높이면 높일수록 투자 수익률은 올라간단다. 아주 간단한 원리이긴 하지만 모르고 행하는 사람이 많아. 카지노 같은 도박장에 가서 돈을 잃은 확률은 굉장히 높지. 그만큼 위험도가 큰 베팅을 하는 거야. 하지만 돈을 잃을 위험도가 크기 때문에 한번 성공하면 큰돈을 벌 수 있어.

    투자에서 투자의 위험도가 낮은 자산을 안전자산이라고 하는데 이러한 안전자산에 투자하면 돈을 잃을 확률은 아주 낮아진단다. 부동산, 현금, 금 또는 채권 같은 것들은 가격 변동성volatility이 낮은 편이고 돈을 잃을 위험도가 아주 낮단다.

그에 비해 위험도가 높은 자산을 위험자산이라고 해. 주식, 암호화폐, 선물, 옵션, 워런트 같은 파생상품 등이 이에 속해. 위험도가 높을수록 변동성이 높아 짧은 시간에 돈을 모두 잃을 확률이 높아.

하지만 이것을 반대로 생각하면 위험도가 높을수록 큰돈을 벌 확률이 높단다. 변동성이 큰 위험자산일수록 위험도가 높고, 기간이 길면 길수록 위험도는 올라가. 일반적으로 대형 우량주식보다는 소형 주식이 위험도가 높고, 나스닥이나 코스닥에 상장한 성장 기업이 다우나 S&P에 편입된 전통적인 가치 주식보다 위험도가 높단다.

대체로 소형 주식은 큰 기업들과의 경쟁에서 살아남기가 쉽지 않고, 필수소비재나 유틸리티·제약 등 오랫동안 사람들의 삶 속에 자리 잡은 기업들은 망하기가 쉽지 않아. 따라서 소형주나 성장주는 망할 위험도가 높은 대신에 탄탄한 회사를 잘 고르면 투자 수익률을 높일 수 있는 장점이 있어.

전통 가치주들은 위험도가 낮아 수익률은 낮지만 배당 등을 받으며 장기적으로 안전하게 꾸준한 수익을 낼 수 있다는 장점이 있어. 물론 대형주 중에서도 경쟁에 도태되어 망하는 기업이 나오고, 아주 오랫동안 건실하게 운영되어 온 소형주들도 있다는 것을 기억하려무나.

지나치게 믿거나
지나치게 불신하지 않는다

주식 시장에 오래 몸담고 있다 보면 여러 가지 편향bias이 생기곤 해. 편향은 편견이라고도 할 수 있는데, 심리적으로 회사와 펀더멘털fundamental에 대한 믿음을 흔들어 지나치게 믿거나 지나치게 불신하게 해. 결국 잦은 매수, 매도를 유도해서 손해를 일으키게 돼.

그중에서 사람들이 가장 많이 가지는 편견이 가격 편향anchoring bias이야. "주식 시장은 전통적으로 1월이 좋다.", "4월과 10월이 좋다.", "5월에 팔고 떠나라.", "크리스마스 이후 연초까지는 크리스마스랠리가 온다." 하는 말들이 이에 해당해. 그런데 2021년과 2022년을 거치면서 이 모든 편견은 깨졌어.

고점에 물렸던 원금과 평단가 등에 편견이 생기기 시작하면 그 가격들을 중심으로 투자 심리가 흔들리게 돼. 그러다 보니 적정주가보다 오르거나 목표주가에 도달했을 때 고점을 기다리면서 수익 실현을 하지 못하고, 떨어지는 경우에도 손실 방어에 실패하는 경우가 많

아. 특정 회사의 수익률을 짧게는 1개월, 더 잡아도 6개월, 1년 기준으로 책정하면서 얘기하는 경우가 이에 해당해.

전해에 30% 수익률을 얻은 펀드라도 올해는 시장 상황에 따라 마이너스가 되기도 해. 2020년부터 2021년 초까지 강했던 성장 기술주들이 정부의 긴축조치들이 시작되면서 2022년에는 약세를 보였는데, 100% 이상 수익을 내던 펀드들이 50% 이상 마이너스가 되는 사태가 일어났어.

이처럼 어떤 해에는 수익률이 좋고, 어떤 해에는 좋지 않을 수 있어. 그런데 수익률은 몇십 년이 지나 은퇴할 때나 투자를 멈추는 상황에서 평균적으로 맞춰져. 따라서 항상 자신이 매년 연도별로 주식 가격에 너무 편향적 태도를 지닌 것은 아닌지 살펴보는 것은 중요한 일이야.

많은 사람이 가지는 또 다른 편향은 확증 편향confirmation bias, 보유 편향이야. 인지심리학에서 1960년대에 나온 개념인데 똑똑한 사람들과 과학자들도 자주 빠지게 되는 편향이야. 아전인수 격으로 자신의 생각과 의견, 논리가 맞다고 가정하고 계속해서 근거와 이유를 대려 하는 거야. 이미 정해 놓은 생각에 그 무엇도 깨뜨릴 수 없게 되는데 자신의 학교, 직장, 연인, 스포츠팀 등에 지나치게 확증적 편향을 갖는 것과 비슷하지.

자기편의 불편한 진실을 덮어 버리려는 것은 인간의 본성이야. 증거들을 편향적으로 받아들이고, 편향적으로 해석하며, 편향적으로 기억을 하게 되지. 가짜 뉴스인데도 불구하고 많은 사람이 얘기하고 미디어에서 언급하면 좀 더 사실적인 증거가 나와도 무시하게 되고, 자신의 생각에 일치하는 쪽으로 해석하게 돼. 새로운 상황과 아이디어들에 적응하여 성장하지 못하고 멈춰 버린 보수적인 성향의 사람들에게서 많이 나타나.

자신의 기분과 감정 상태에 따라서 똑같은 사건과 사물을 다르게 기억하기도 해. 사자마자 주가가 오른 주식은 좋아 보이고, 사자마자 주가가 떨어진 주식은 싫어지는 경향이 있어. 사자마자 주가가 올라서 기분이 좋았던 주식은 나중에 떨어져도 근거 없이 계속 믿음이 가고, 사자마자 주가가 떨어져 기분이 나빴던 주식은 시간이 지나 올라도 관심을 갖지 않게 돼. 또한 시장이 좋아 주가가 올라가는 상황에서는 괜히 그 회사가 좋아 보이고, 주가가 떨어지는 경우에는 나빠 보이곤 하지.

이런 상황에서 자신이 투자한 회사에 대한 확증적 편향이 심해져. 주가 상황에 의해 자신이 투자한 회사의 좋고 나쁨을 결정하는 것도 잘못됐지만 이로 인한 부수적 확증 편향까지 생기면 돌이킬 수 없는 강을 건너게 돼.

이처럼 확증 편향을 가진 사람들은 자신이 가진 주식과 회사에 근거 없이 확신을 가져 지나치게 긍정적인 면만을 보려고 해. 충분히 공부한 후에 회사의 강점과 약점, 기회와 위협 등을 고려하여 종합적인 접근으로 회사를 선택하고 투자해야 해. 그래야 약점과 위협적인 면이 커져 회사의 장기적인 성장에 위협이 될 때 손절하고 주식을 정리하고 나올 수 있어.

그런데 확증 편향이 있으면 계속해서 주식을 들고 가서 손해가 커지는 경우가 많아. 자신이 투자한 회사 경영진의 부도덕성이 드러나거나 강한 경쟁사가 출현하여 회사의 전망이 약화되는 경우, 또는 수익성이 떨어지는 경우 등 약점과 위협이 크게 확대되는 상황에서도 회사에 대한 믿음이 너무 커서 수익 실현을 하지 못하는 거야.

특히 주변 사람들의 의견에 현혹돼 회사를 고르는 경우 확증 편향에 빠지기 쉬워. 유튜브나 미디어 또는 가짜 뉴스에 의해 한 회사의 긍정적인 면만 부각될 경우 조심해야 해. 유튜버나 기관은 자신이 투자한 기업들에서 투자금이 빠져 나갈까 봐 항상 좋은 말만 해서 소위 펌핑pumping을 유발해. 따라서 하나의 미디어에만 의견을 기울이다 보면 자신이 투자한 회사에 장기적으로 부정적인 영향을 끼칠 중요한 정보를 나누는 사람들을 피하고 욕하게 돼.

이러한 편향적 증거 채택은 자신이 투자한 회사에 대해 정말 중요한 사실이지만 부정적인 것들에 대해 심하게 반발하게 돼. 결국 회사가 계속 하락하다가 다시는 회복할 수 없는 상황이 되어서야 깨닫게 되면 이미 늦는 거야.

회사의 펀더멘털이 변하는 것을 빠르게 캐치하여 투자 결정을 하는 것이 좋아. 하지만 회사를 둘러싼 정치적·경제적·사회적 상황이 변하는 경우에는 회사의 미래를 정확하게 데이터화하기 힘들어. 일시적일지 장기적일지 분석하기도 쉽지 않아. 이런 상황에서 확증 편향을 가진 사람들은 더욱 확증적인 해석을 하는 경우가 많아.

　그 밖에도 주식 투자자가 많이 가지고 있는 편향은 손실 회피 편향loss aversion이야. 심리학자들은 잃는 고통이 얻는 기쁨에 비해 2배나 크게 영향을 미친다고 해. 100달러를 얻는 기쁨보다 100달러를 잃는 고통이 2배나 더 크다는 거지. 인간의 뇌는 손실과 관련해서 걱정과 공포를 유발하는 경향이 있어. 아마도 이를 잘 견디는 사람은 있을 수 있겠지만 즐기는 사람은 없을 거야.

　워런 버핏Warren Buffett이 '잃지 말라'를 투자의 1원칙으로 정한 것도 이런 고통을 피하기 위해서일 거야. 이처럼 고통을 피하기 위한 손실 회피 편향은 사람들에게 보험을 들게 하는데, 투자 결정에서도 고통을 줄이기 위한 장치들을 마련하려고 하는 거야.

　이러한 손실 회피 편향은 잘못된 결정으로 유도하기도 해. 100달러를 벌 수 있는 기회인데도 불구하고, 100달러를 잃을 수 있다고 생각하면 투자를 꺼리게 돼. 위험을 감수하지 않고는 이득을 볼 수 없는데도 투자금이 큰 경우에 사람들은 확률상 유리한 게임만 하려고 하는 거지.

　카지노에 가서 20달러로 100달러를 벌 수도 있지만 20달러를 모두 잃을 수도 있는 상황에서 20달러 정도 잃는 것이 크게 두렵지 않고 얻을 수 있는 것이 많은 경우에는 기꺼이 도박을 해. 하지만 20달러가 생활비의 전부인 사람은 손실로 인한 공포가 크기 때문에 카지노에 데려다 놔도 구경만 하게 될 거야.

손실 회피 편향을 가진 사람은 주식에서도 이익을 보는 상황보다 손실을 보는 상황에서 투자 결정이 비이성적이 될 때가 많아. 사람들은 투자 초기에는 조금의 손실도 보기 싫어서 손실 방어를 하지 못하고 오랫동안 보유하며 조정기를 맞이하기도 해. 이런 상황에서도 잘 버티면 언젠가는 다시 회복하지만, 이미 많이 떨어진 상황에서 계속해서 하락장이 올 것 같은 두려움에 더 큰 손실에 대한 공포를 못 이겨 바닥인데도 불구하고 주식을 전량 매도하는 실수를 하기도 해.

어느 쪽으로 결정을 하든 손실에 대한 공포에 사로잡히면 인간은 이성적인 판단을 하기 힘들어. 불났을 때 소방 훈련을 미리 해 보는 것은 위기 상황에서 공포나 두려움에 사로잡히면 적절한 대처를 하기 힘들기 때문이야.

따라서 주가가 고점 대비 몇 % 떨어지면 조정을 예상하고 초기에 적절하게 손절하겠다고 미리 생각해 두어야 해. 또한 위기 상황에 대비해서 여유 자금을 항상 준비해 놓아 적정주가에서 몇 % 이상 떨어지면 조금씩 분할해서 매수하겠다는 식으로 계획을 미리 세워 놓으면 위기 상황에서 적절하게 손실 회피 편향을 극복할 수 있어.

장기 투자자가 되려면 주가가 급하게 떨어지는 상황에서 이성적인 결정을 해야 해.

① 시장에 장기적인 악재가 있나?

② 실적 미스 등 회사의 성장성에 문제가 있나?

③ 회사의 경영진이 부도덕한가?

④ 같은 섹터에 강력한 경쟁자가 등장했나?

등을 우선적으로 고려하고, 많은 데이터를 고려해서 충분히 생각을 한 이후에 결정을 내려야 해.

손실 회피 편향은 사람들을 우량주나 안전자산 위주로 사게 하는 경향이 있어. 이익을 많이 기대하기보다는 손실을 보는 것을 싫어하기 때문에 위험성 높은 자산보다는 위험성이 낮은 부동산 같은 안전자산이나 대형 우량주 위주로 사게 되지. 위험성이 높은 중소형주나 성장주 위주의 투자보다는 손해가 많이 나지 않는 대형주나 가치주 위주의 투자를 해.

하지만 엔론Enron이라는 대형 가치주 회사의 멸망이나 리먼 브라더스Lehman Brothers 사태처럼 대형주들도 망하는 경우가 있기 때문에 회사에 대한 철저한 공부와 지속적인 관심이 필요해. 오히려 중소형주 중에 탄탄하고 꾸준히 높은 수익을 내는 기업도 많아.

기간으로 보더라도 장기적인 투자는 위험성이 높아서 많은 조정을 겪어야 하고 자신의 주식이 반 토막 나는 것을 경험할 수도 있기 때문에 주식을 한 번 사서 오랫동안 가져가는 것을 꺼리는 사람이 많아. 반면에 짧은 기간에 하는 단타는 손실과 위험을 감지하면 바로 돈을 빼기 때문에 돈을 잃을 가능성이 없다고 믿는 사람이 많아. 하지만 차트 분석을 하며 기술적인 매매를 하는 것은 공부가 많이 필요한 전문 트레이더들의 영역이야. 개인 투자자들은 한두 번의 실수로 실패하는 경우가 많고 돈을 잃을 확률이 커.

꾸준히 성장하는 좋은 주식을 잘 찾으면 변동과 조정은 겪겠지만 주가가 장기적으로 우상향하며 복리 효과로 큰 부자가 될 수 있다는 것을 잊지 마. 워런 버핏, 피터 린치Peter Lynch 등 우리가 아는 대부분의 투자 대가는 이렇게 장기 투자로 부자가 되었어. 단기 매매로 부자가 된 사람은 극히 적어. 단기 매매로 돈을 벌고 싶다면 오히려 단기 트레이딩을 하는 증권회사에 돈을 맡기는 게 마음이 더 편하고, 일상생활에도 지장을 받지 않을 거야.

이러한 손실 회피 편향은 개인별, 문화별로 많이 달라. 놀랍게도 부자들은 소액 투자자들에 비해 위험을 잘 감수하고, 단체주의 문화가 개인주의 문화보다 위험을 더 감수하는 경향이 있어. 젊은 사람들도 은퇴기의 사람들보다 위험을 감수하려는 경향이 더 높아. 우리나라 같은 단체주의 문화에서는 부자들과 젊은이들이 더욱 위험을 감수하는 경향이 있다고 말할 수 있지.

이는 부자들과 단체주의 문화에서는 손실에 대한 회복을 할 수 있는 재산이나 가족들이 보험 역할을 하기 때문일 거야. 도전과 모험을 즐기는 젊은이들은 가족과 투자금 등 아직은 지킬 것들이 적고, 투자에 실패한 경우에도 회복할 수 있는 시간적 여유가 있고, 장기간 투자할 수 있는 건강이 받쳐 주니 더 위험을 감수하려는 경향이 있어.

따라서 높은 위험도는 잃을 확률은 높지만 높은 수익으로 이끄는 것처럼 위험을 감수한 부자들은 더욱 오래 기다리며 부자가 될 가능성이 높고, 일찍 투자를 시작하며 위험을 감수한 젊은이들이 큰 부자가 될 가능성이 높은 거야. 부자 아빠가 가난한 아빠에 비해 투자를 더욱 강조하는 것은 그런 이유 때문이기도 해.

부자가 아니거나 은퇴 시기가 가까운 사람이 비합리적으로 위험성을 지나치게 높여 투자했다가 실패하면 다시 회복할 가능이 적다는 것도 명심해야 해. 지나치게 위험을 회피하려는 성향은 투자에 도움이 되지 않지만, 지나치게 위험도를 높게 가져가는 성향도 투자에 실패할 가능성이 높아.

결론적으로 투자를 할 때 생기는 여러 가지 편향(편견)을 스스로 인지하고 고치려는 노력이 필요해. 주가에 너무 휘둘리지 않으려고 노력하고, 자신이 투자한 회사를 항상 매의 눈으로 감시하며 합리적인 평가를 하려고 노력해야 해.

또한 투자 결정을 할 때는 자신이 얼마나 위험을 회피하며 손해를 보지 않으려는 성향인지, 수익을 올리려는 생각을 너무 지나치게 억제하는 것은 아닌지 고려할 필요가 있어. 위험 회피 성향이 지나치면 합리적인 투자 결정을 하기 어려울 수 있어. 이러한 경우에는 적절한 자산 배분을 통해 위험 부담을 최소화하고 나서 위험자산에 대한 투자 결정을 하면 투자의 합리성을 더 높일 수 있을 거야.

혁신은 시간을 두고 전파된다

회사에 투자를 할 때 중요하게 봐야 할 것은 혁신 전파의 법칙(혁신의 원칙Law of Diffusion of Innovation)이야. 에버렛 로저스Everett Rogers 교수가 1962년에 쓴 『혁신의 전파Diffusion of Innovation』라는 책에서 제시한 원칙인데, 어떤 회사든지 새로운 혁신을 시장에 내놓을 때 모든 잠재적 고객이 그 제품이나 서비스를 처음부터 사지는 않는다는 것이야. 혁신은 한 사회 체계 내에서 시간을 두고 전파가 된다는 개념이지.

혁신적인 제품은 어떤 이들에게는 멋지게 보여서 일찍 받아들여지기도 하지만, 어떤 이들은 크게 관심을 두지 않아. 구체적으로 정리하면 혁신적인 제품이 나온 경우에 2.5%의 개발자들이 받아들이고, 새로운 것을 좋아하는 13.5%의 얼리 어답터가 받아들이며, 어느 정도 괜찮다고 생각하면 초기 다수인 34%가 받아들이게 된다고 해. 늦은 다수인 34%는 제품이 확실하게 좋다고 인정되고 주변에서 받아들이면 덩달아 받아들이고, 마지막 16%의 인구는 전에 쓰던 제품이 더 이상 나오지 않을 때까지 쓴다고 해.

스마트폰이 나왔는데도 여전히 2G 폴더폰이나 집전화만 쓰는 사람들이 있는데, 그들은 기존 기술에 전혀 불편함을 느끼지 않아. 아빠는 초기 다수에 속하는 것 같고, 약간은 혁신적이야.

인구의 16%를 차지하는 개발자들과 얼리 어답터들, 초기 다수인 34%가 받아들이기까지는 시간상 커다란 간극이 존재해. 한 혁신적인 제품이 나오면 이 간극을 넘어 대다수의 사람이 받아들일 때 성공을 이루었다고 할 수 있어. 4차 산업혁명 초기인 요즘, 캘리포니아의 실리콘 밸리나 보스톤 128의 많은 성장 중인 회사로부터 혁신적인 제품들이 쏟아져 나오고 있어.

인공지능 소프트웨어, 자율주행 소프트웨어, 슈퍼컴퓨터, 반도체, 5G, 클라우드 제품, 자율주행 전기차, 인공지능을 탑재한 드론, 증강현실 안경을 포함한 웨어러블 디바이스, 메타버스/가상현실 장치와 소프트웨어, 유전자 해독과 편집, 로봇 수술 등을 포함한 바이오테크, 핀테크 플랫폼, 사물 인터넷 장치들 등 혁신 제품이 넘쳐나고 있어.

하지만 이 모든 혁신 제품과 그것을 생산하는 회사가 모두 살아남지는 못할 거야. 혁신 원칙의 16% 이상 간극을 넘어 초기 다수 34%까지 인구의 50% 이상이 받아들이는 제품을 만들고, 홍보하고, 대량 생산을 통해 비용을 줄여 수익을 내는 일은 정말 도전적이야.

따라서 투자할 회사를 고를 때는 그 회사에서 내놓는 제품이 같은 섹터에서의 경쟁에서 살아남아 성공할 수 있는 경쟁력을 갖추었는가를 보아야 하고, 절대적으로 한 나라의 아니면 전 세계 인구의 16% 이상이 받아들일 수 있는 제품인가를 고려해야 해. 2010년대 초반에 혁신적인 제품을 내놓았지만 사람들의 관심을 받지 못하고 지속적인 투자를 받지 못해 망한 회사가 많아. 애플, 마이크로소프트, 아마존, 구글, 넷플릭스, 테슬라 등은 이 시기를 잘 견뎌서 성공한 기업들이야.

혁신의 계곡을 넘어 성공한 데는 여러 가지 이유가 있어. 기술, 디자인, 비전, 추구하는 목적 등 회사가 제공하는 혁신 제품의 여러 가지 측면이 대중을 사로잡을 수 있었던 거지. 4차 산업혁명의 한중간에 선 우리가 2022년 현재, 짧게는 2025~26년, 길게는 2030~40년까지 혁신의 간극을 넘어서 성공할 수 있는 기업을 잘 찾아서 투자한다면 그 회사는 텐 배거(10루타) 기업이 될 것이고, 우리의 은퇴는 더욱 화려해질 수 있어. 하지만 텐 배거는 10년 정도 오래 기다려야 한다는 것을 기억해야 하고, 위험성도 높다는 것을 잊지 않는 게 좋아.

텐 배거(ten bagger)

텐 배거는 피터 린치의 책 『월가의 영웅』(2000)에 나온 용어로 초기 투자 금액보다 10배나 오른, 10루타를 친 종목들을 말한다. 지난 10년간 또는 그보다 짧게 10배 이상 오른 종목들은 다음과 같다.

- 구글(GOOG) 322.95달러(2011.12.30.) / 2,893.59달러(2021.12.31.)
- 넷플릭스(NFLX) 9.90달러(2011.12.30.) / 199.87달러(2022.5.3.)
- 마이크로소프트(MSFT) 25.96달러(2011.12.30.) / 323.01달러(2021.12.3.)
- 메타플랫폼스(FB) 18.06달러(2012.8.31.) / 376.26달러(2021.8.27.)
- 아마존(AMZN) 173.10달러(2011.12.30.) / 3,334달러(2021.12.31.)
- 애플(AAPL) 14.46달러(2011.12.30.) / 177.57달러(2021.12.31.)
- 테슬라(TSLA) 5.71달러(2011.12.30.) / 1,056달러(2021.12.31.)

보통은 폭발적인 성장성을 가진 주식들을 의미한다. 처음 상장한 기업들이나 저평가되거나 알려지지 않은 소형주들이 텐 배거가 될 가능성이 높고, 애플 같은 비싼 주식은 텐 배거가 될 가능성이 낮다. 2022년에 텐 배거가 될 것으로 예측한 기업이 2032년에 반드시 텐 배거가 된다는 보장은 없다.

10달러짜리 주식이 매년 26%씩 10년 정도 성장하면 100달러가 넘을 가능성이 높다. 회사의 기술, 세금, 경쟁 등 성장 회사의 내·외적인 요건이 받쳐 주고, 회사의 수익성, 비용 절감, 높은 성장률 등 기본 펀더멘털이 10년간 평균 26% 이상의 성장을 보장해 줄 정도로 튼튼해야 한다. 또한 다음의 요건들도 갖추는 것이 좋다.

- 경쟁에서 이길 수 있는 혁신적인 기술을 포함한 독특한 제품을 가진 회사
- 오랫동안 쉽게 경쟁자들이 따라 할 수 없는 특허 등 보호받을 수 있는 새 기술을 가진 회사
- 반독점 규제 등 정부의 규제에서 자유로우면서도 대체에너지같이 정부의 호의적인 정책 환경이 지속될 수 있는 회사
- 투자자들이 지속적으로 관심을 가져 줄 수 있는 회사

돈은 어디로
흘러가는가?

주식 시장에서는 돈의 흐름을 파악하는 것이 아주 중요해. 미국처럼 달러가 기축 통화 역할을 하는 경우가 아니고서는 전 세계 국가들이 찍어 내는 돈은 한계가 있어. 돈을 많이 찍으면 통화 가치가 떨어져 물가가 상승하는 인플레이션이 일어나게 돼. 인플레이션 상승률이 높으면 물가가 높아져 사람들은 생활하기가 힘들어져. 설상가상으로 생산 비용이 높아진 기업들은 소비자에게 물가를 전가해 물가를 더욱 높이게 돼. 이렇게 되면 국가는 국민들의 생활을 안정시키기 위해 노력을 해. 미국에서는 연방준비위원회(이하 연준), 한국에서는 한국은행이 기준금리 등 여러 가지 금융장치를 가동해.

코로나19 사태로 많은 국가에서 봉쇄로 인한 경제 악화를 막기 위해 이자율을 낮추고, 정부보조금을 지급하고, 시중에 풀린 채권들을 매입하는 등 양적 완화 정책을 폈어. 그 때문에 전 세계에 통화량이 많이 늘어나게 되었고, 원자재 부속 등 공급과 물류 문제까지 생겨 많은 국가의 국민들이 인플레이션으로 괴로워하고 있어. 많은 나라에서 인플레이션이 골칫거리가 되었고 각국 정부는 이자율을 올리고 사들인 채권을 다시 파는 대차대조표 축소 등으로 인플레이션을 잡으려고 노력하고 있어.

이렇게 특정 시장에 풀린 돈은 지급과 소비를 위해 사용될 뿐 아니라 투자처를 찾아 움직이게 돼. 우리가 자산 분배를 하듯이 투자은행, 헤지펀드, 퇴직연금, 국민연금, 큰손, 개인 등 다양한 자본시장의 주체들도 그들이 가진 돈을 여러 자산에 투자하게 돼. 안전자산인 채권·부동산·금·은 등에 들어가는 경우도 있고, 위험자산인 주식·암호화폐 등에 들어가는 경우도 있고, 원자재 등을 미리 계약하여 사는 선물시장에 들어가기도 해.

이럴 때 어느 시장에 돈이 몰리는가를 보면서 투자하는 것도 현명하고, 적절한 분산을 통해 수익을 극대화할 수도 있어. 예를 들어 2022년 5월과 같이 연준에서 통화 긴축 정책을 펴며 이자율을 올리는 상황에서는 직접적으로 채권 시장의 이자율도 올라가게 되고, 이자율과 가격이 반대로 움직이는 채권 시장은 약세로 돌아설 수밖에 없어. 또한 인플레이션이 심화되는 상황에서는 자산 가격이 상승하므로 채권보다는 주식을 보유하려는 경향이 강해서 채권 가격은 많이 하락하고 돈이 빠져나가는 현상이 나타나게 돼.

전통적으로 미국에서는 채권과 주식을 적절히 배분해서 가져가는 게 적절한 전략이야. 채권 시장에서 돈이 빠져 나오면 그 돈은 주식 시장이나 다른 적절한 시장을 찾아나가. 아니면 현금 시장에 머무르는 경우도 있어. 2022년 1월 1일 현재 미국의 주식 시장 규모는 53조 3,000억 달러야. 2022년 3월 현재 7조 2,100억 달러는 뉴욕증권거래소에서, 22조 4,200억 달러는 나스닥에서 거래되고 있어. 채권 시장 규모는 20조 9,000억 달러인데 2022년 3월 현재 7,000억 달러가 거래되고 있어.

따라서 매일 아침 달러 가치, 채권이자율, 주가지수, 암호화폐 가격, 선물시장 금·원자재 가격 등을 Investing.com 같은 곳에서 살펴볼 필요가 있어. 이를 통해 세계정세와 경제 상황에 따라, 아니면 국내 상황에 따라 돈이 어디로 흘러가는지를 알 수 있게 되고, 그날의 주식 시장 상황을 파악할 수 있어.

달러는 기축 통화 역할을 하기 때문에 많은 회사와 국가에서 빚을 갚기 위해서라도 달러를 보유하려는 경향이 강해. 요즘과 같이 유럽과 일본의 통화 가치가 하락하고 달러 가치가 상승하는 시기에는 달러를 보유하려는 경향이 더욱 강해. 달러 가치가 떨어지는 경우에는 돈이 달러에서 빠져나와 아시아 시장 등으로 투자되는 경향이 있어.

주식 시장만 보더라도 전통적으로 위험을 분산시키기 위해서는 국제적인 인덱스 펀드에 투자하는 것이 가장 안전한 주식 투자라고 알려져 왔어. 따라서 돈이 유럽 시장이나 중국·한국 같은 아시아 시장으로 흘러 들어가는지, 아니면 아메리카 대륙에 머무르는지를 보는 것도 중요해. 최근처럼 우크라이나 전쟁이나 대만 전쟁이 우려되는 시기에는 유럽이나 중국 같은 시장으로 돈이 흘러 들어가기는 힘들 거야.

　미국 주식 시장 내부에서도 돈은 대형주와 중소형주 등으로, 크게는 전통적인 가치주와 성장주 사이를 옮겨 다녀. 2022년과 같이 국제적인 정세와 인플레이션 등 다양하게 시장의 악재가 많은 경우에는 다우나 S&P 500, Russell 1000에 속한 안전한 가치주들이나 대형 우량주 위주로 돈이 몰리고, 시장이 안정을 취하는 골디락스goldilocks 상태에서는 나스닥의 성장주나 Russell 2000에 속하는 중소형주에도 돈이 몰려.

　시기별로 보면 분기별로 발표되는 실적 시즌에는 주식 시장에 돈이 더 많이 몰리는 경향이 있고, 단기 트레이더들의 주도하에 먼저 실적을 발표하는 대형 가치주, 그 이후 대형 성장주, 중소형주로 돈이 옮겨 다니기도 해. 주식 중에서도 반도체처럼 순환하는 경기 순환 주들이 있는데 순환의 바닥에서는 돈이 유입되기 시작해서 반등하고, 순환의 정점에서는 돈이 빠져나가기도 해.

무엇을 사는지
정확하게 알아라

돈을 주식에 투자할 때는 무엇을 사는지 정확하게 아는 것이 중요해. 주식을 산다는 것은 도박과 다르다는 것을 알아야 해. 주식은 영어로 stock 혹은 equity라고 부르는데, 주식을 산다는 것은 회사 주식의 일부분을 사는 거야. 회사 자산의 일부분을 다른 주주들과 함께 법인인 회사를 통해 소유하고, 소유한 만큼 회사에서 수익을 받고 회사의 중요한 일에 투표권을 행사하게 되는 거야. 회사의 수익은 주가 상승으로 간접적으로 주주들에게 주기도 하고, 배당을 통해 주주들에게 직접 지급하기도 해.

회사는 투자금을 모으기 위해 지분금융equity financing으로 주식을 발행하거나, 빚을 내는 채권bonds, notes, debentures, etc을 발행해. 주식을 발행해서 자금을 모으는 경우에 이 발행된 주식을 발행주식outstanding share이라고 부르는데, 개인의 보유지분은 발행주식에 대비해서 자기가 얼마나 가지고 있나로 계산해. 100만 주를 발행했는데 1만 주를 가지고 있으면 1%의 지분을 소유하게 되는 거지.

적정 가격에 주식을 발행해 주식 수를 늘리는 유상증자를 하는 경우에는 주가가 떨어지는 경향이 있어. 당장 수익이 나지 않는 성장 회사들은 1년에 한두 차례씩 유상증자나 무상증자를 하는 경우가 있는데 성장주 투자를 할 때는 예기치 않은 증자로 주가가 희석되어 바로 떨어지는 상황을 어느 정도 고려해야 해. 채권을 발행하는 경우에도 회사의 부채 증가로 장기적인 주가 가치에 영향을 미칠 거야.

주식은 보통주식common stock과 우선주식preferred stock으로 나뉘어. 보통주식은 투표권을 주고, 우선주식은 투표권을 주지는 않지만 자산과 수익에 대해 더 높은 권한을 부여해. 예를 들면 Google A는 보통주식이라서 투표권을 주지만, Google C 주식은 우선주식이라서 투표권을 주지 않아.

주식은 순환주식cyclical stock과 비순환주식noncyclical stock으로도 나눌 수 있어. 순환주식은 스타벅스나 나이키 같은 임의소비재처럼 거시경제의 변화와 같이 움직이는 주식이고, 비순환주식은 월마트나 코스트코처럼 방어적인 필수소비재를 말해. 거시경제가 좋지 않은 경우에 소비자들은 임의소비재를 줄이는 경향이 있지만, 필수소비재는 계속 소비하게 돼. 따라서 경기가 안 좋아질 때는 필수소비재 같은 비순환방어주 위주로 비중을 높이는 것도 좋은 전략이야. 순환주식은 비순환주식에 비해 변동성이 크지만 경기가 좋을 때는 더 큰 수익을 가져다줄 수 있어.

순환주식은 내구재, 비내구재와 서비스 등으로 더 나눌 수 있어. 3년 이상 쓸 수 있는 자동차, 가구, 전자 제품을 포함하는 내구재의 주문이 늘어난다는 것은 좋은 경기가 계속적으로 펼쳐질 수 있다는 신호가 되기도 해. 반도체같이 거시경제뿐 아니라 산업 내에서의 수요 공급에 의해 순환하면서 장기 우상향하는 주식들도 있어.

그 밖에도 주식은 가치주, 배당주, 성장주, 기술주 등으로 다양하게 불려. 가치주, 배당주는 한 산업에서 잘 자리 잡고 기본 펀더멘털에 기초한 적정주가보다 낮게 형성되는 경우가 많지만 배당을 받을 수 있는 장점이 있어. 시장이 어려운 시기에는 배당주가 더 잘 버티며 방어를 해 주지. 성장주, 기술주는 보통의 주식보다는 더 빠르게 성장하고 펀더멘털보다 주가가 높게 형성되며 주가 상승을 통해 혜택을 보고 고수익을 낼 수 있는데 그만큼 위험도도 높아. 성장주는 골디락스 상태처럼 시장이 물가상승의 압력 없이 고성장하는 경제적 안정기에 더욱 빛을 내.

배당투자

배당주 투자를 하는 배당투자는 주가 변동 없이, 적지만 안정적인 수익을 가져다 준다는 장점이 있다. 투자 금액이 많아 위험도를 최대한 줄이는 투자를 할 때 유리하다. 꾸준히 5%의 수익률을 가져다주는 주식을 찾기는 힘들지만, 5억 원 정도의 투자금이 있다면 1년에 2,500만 원의 수익을 낼 수 있고, 세금을 제외하고도 2,200만 원 가까이 수익을 낼 수 있다.

미국에서는 보통 분기별로 배당을 제공하는데 1·4·7·10월에 배당금을 지급하는 종목(JP 모건, 머크, 시스코), 2·5·8·11월에 지급하는 종목(애플, P&G, Verizon, AT&T), 3·6·9·12월에 지급하는 종목(애플, 존슨앤존슨, IBM, 맥도날드, 록히드마틴, 화이자, 쉐브론, 엑슨모빌, 3M)이 있다. 3가지 종목에 모두 투자한 경우에는 매달 배당금을 받을 수 있는 장점이 있다.

코카콜라, 3M, 존슨앤존슨 등 배당 황제주dividend king 종목은 50년 이상 배당금을 늘려 온 종목인데 5% 이상 배당금을 지급하기도 한다. 매달 배당을 주는 부동산리츠회사 메인 스트리트 캐피털[Main Street Capital(Main)]이나 리얼티 인컴[Realty Income(O)] 같은 기업도 있지만, 부동산 경기에 따라 주가가 하락할 위험도 있다. 미국 주식의 배당소득세는 15%이다.

한국에서는 은행과 증권주들이 주로 배당을 주는데, 대부분 1년에 한 번 지급한다. 보통 12월 중순부터 연말까지 주식을 보유하면 배당을 받을 수 있다. 2,000만 원 이하 배당 소득세는 15.4%이고, 2,000만 원 초과는 종합소득세를 내야 한다. TR ETF는 배당금을 바로 재투자하기 때문에 과세를 미룰 수 있다.

한국과 미국에서는 고배당주 ETF에 투자할 수도 있는데 뱅가드 VIG와 인베스코의 SPHD, 찰스 슈왑의 SCHD가 대표적이다.

주식 중에는 턴어라운드turnaround 주식도 있어. 회사가 심각한 재정, 경영 위기에 놓였다가 문제를 파악하고 시장 변화에 맞게 구조조정이나 선택과 집중 등의 과정을 거치며 문제를 해결하는 전략들을 세워 다시 회생하는 주식을 말해. 2009년에 파산을 신청했던 GMGeneral Motors도 2010년부터 회생하여 지금은 건실한 기업으로 다시 태어났지. 이렇게 다시 살아날 수 있는 기업을 고르는 것도 성장주 투자와 마찬가지로 고수익을 낼 수 있는 투자의 한 전략이야. 하지만 이런 경우에는 여전히 위험성이 높아.

시가 총액으로 회사를 대형주big-cap, 중형주middle-cap, 소형주small-cap로 나누기도 해. 이는 국가별로 달라. 한국에서는 5,000억 원짜리 대형주가 미국에서는 소형주로 분류될 수 있어. 대형주들은 주식 발행 숫자가 너무 커서 크게 보이는 경우도 있고, 주가가 지나치게 많이 올라 고평가된 경우도 있어서 절대적 기준으로 삼기는 어려워. 작은 회사가 주식을 너무 많이 발행해서 시가총액이 커진 경우에는 조심스럽게 투자해야 해. 게다가 한때는 대형주로 불렸지만 지금은 소형주로 바뀐 경우도 있어.

미국에서 대형주는 우량주blue-chip stocks라고도 불리는데 100억 달러 이상의 큰 기업, 중형주는 20억 달러 이상 100억 달러 이하의 기업, 소형주는 3억 달러 이상 20억 달러 미만의 기업을 말해. 그 이하의 기업은 마이크로 캡이나 나노 캡이라는 용어를 붙여.

시가총액은 발행주식을 주가로 곱하면 쉽게 계산할 수 있어. 조금 더 정확하게 하기 위해 회사에서 발행한 채권까지 포함하기도 해. 소형주 중에는 굉장히 오랫동안 소형주로 머물면서 기업의 펀더멘털을 탄탄하게 유지한 기업들도 있어서 성장 잠재력이 크고 그 때문에 좋은 투자로 인식될 때가 많아. 하지만 이전의 대형주가 실적이 하락하여 소형주로 하락한 경우도 있기 때문에 신중하게 접근해야 해.

위험성은 대체로 소형주가 더 높지만, 대형주가 위험성이 낮다고 말하기도 힘들어. 엔론이나 리먼 브라더스처럼 대형 기업이 파산한 경우도 있고, 분식회계를 사용하며 투자자들을 속이는 경우도 자주 있어. 월가에서는 대형 우량주를 선호하긴 하지만 대형 기업, 우량기업, 중소기업 등으로 나누면서 절대적 기준으로 삼는 것이 반드시 큰 수익을 가져다준다고는 볼 수 없어. 개별 기업별로 철저한 공부가 필요해.

주식 투자는
서핑처럼 해라

주식 시장에서는 한 회사의 주식을 사고자 하는 매수자와 주식을 팔고자 하는 매도자 사이에서 수요와 공급의 법칙이 작용함으로써 적절하게 주가가 형성돼. 개개 회사의 주가를 형성시키는 매수자, 매도자의 성향이 다르다고 가정해야 해. 한 사람이 어떤 회사는 좋게 봐서 매수하지만 다른 회사는 나쁘게 보고 매도하는 투자자가 되는 거야.

주가는 이처럼 다양한 주체에 의해 형성돼. 회사의 펀더멘털을 보면서 투자하는 가치투자자나 성장투자자들도 있고, 적립식 투자로 일정한 날짜가 되면 사는 사람들도 있고, 모멘텀 투자로 투기성으로 하는 사람들도 있어. 장기 투자자도 있고 단기 트레이더도 있어. 매도자들만 보더라도 주식이 목표주가에 도달해서 파는 사람들, 회사의 성장성이나 펀더멘털을 의심해서 파는 사람들, 경영진의 문제점을 심각하게 생각해서 파는 사람들, 그냥 돈이 필요하거나 더 좋은 투자처를 찾아 떠나는 사람들, 투기성으로 단타를 치는 사람들 등 다양하지.

한국 주식은 외국인과 기관 투자자, 개인 투자자들이 서로 다른 이유로 주식을 사고팔고 있어. 원칙대로 투자하는 사람들도 있고, 비이성적으로 기분에 따라 투자하는 사람들도 있는 주식 시장에서 100% 합리적이고 이성적인 투자를 기대하기는 힘들어. 많은 주체와 그들의 생각과 심리가 다르게 움직여서 만들어지는 수급 상황에서 주가는 변동성을 가지고 움직일 수밖에 없고, 당연히 예측할 수 없어. 회사는 그대로 거기에 있고, 경영진과 직원들은 늘 열심히 그 자리에서 일하고 실적을 내고 있는데도 회사의 주가는 끊임없이 다양한 이유로 움직여.

주가는 마치 파도치듯이 움직여. 잔파도를 이루며 오르락내리락 하기도 하고, 큰 파도를 이루며 크게 움직이기도 해. 미국의 주가지수는 주가의 변동성을 나타내는 지수 중 하나인 빅스VIX 지수가 20 이상으로 높아질 때는 몇 %씩 움직이고, 20 미만일 때는 소수점 단위로 움직여. 빅스 지수 20 미만의 상황은 시장의 공포감도 낮고 시장의 영향을 최소한으로 받으며 개별 주식의 호재와 악재로 움직여.

주식 투자를 서핑에 비유하자면, 주식을 잘한다는 것은 주가변동성을 친구 삼아 서핑보드를 탔을 때 파도를 잘 타는 것을 의미해. 주가가 오를 때는 높은 파도를 즐기며 서핑하고, 주가가 떨어져 파도가 없을 때는 열심히 손을 저으며 다음에 올 파도를 기다리지. 주식 시장에서 높은 파도가 칠 때는 즐기며 열매를 따고, 파도가 없을 때는 열심히 줍줍하는 거야.

파도를 오랫동안 잘 타기 위해서는 현금 비중을 유지하고 자산 배분을 잘 하면서 투자 에너지를 유지하는 것이 중요해. 장기 투자에서는 특히 건강을 잘 지키는 것이 중요해. 20년을 목표로 투자하는데 투자자의 건강이 악화되어 몇 년 안에 투자금을 회수하면 수익이 적거나 손해를 볼 수밖에 없거든.

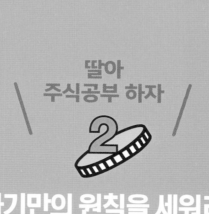

딸아
주식공부 하자

2

자기만의 원칙을 세워라

"

지금부터는 은퇴할 때까지 꼭 명심해야 하고 지켜야 할 투자 원칙들을 말해 줄게. 일관성 있게 이 원칙들을 지킨다면 은퇴할 때는 꼭 부자가 돼 있을 거야.

레이 달리오^{Ray Dalio} 같은 대가들은 투자할 때 자기만의 원칙을 갖고 했어. 원칙도 없이 방향을 잃고 투자하는 것은 아이들을 사막 한가운데에 풀어놓는 것과 똑같은 것이야. 원칙이 없으면 뜨거운 태양 아래에서 오아시스를 찾지 못하고 사막을 헤매는 상태처럼 투자금이 모두 메말라 실패할 확률이 높아. 원칙이 없으면 시장이라는 무서운 전쟁터에서 멘탈이 흔들리며 공황 상태에 빠지기 쉬워.

원칙은 일시적인 가격의 움직임을 보면서 감정에 휩싸여 흔들리면 지켜 내기 힘들고, 냉철하고 강한 이성의 작용으로만 지켜 낼 수 있어. 이성 또한 시장에 영향을 줄 수 있는 큰 이벤트들에 의해 흔들릴 때도 있기 때문에 계속적으로 원칙을 지켜 내면 부자가 될 수 있다는 강한 믿음이 필요해. 이렇게 지켜 낸 원칙은 결국 너에게 어느 순간 굳게 뿌리 내려 거꾸로 너의 멘탈을 지켜 주는 강한 보호막이 되어 줄 것이라 믿어.

"

72의 법칙을 기억해라

장기 투자는 보통 5년 이상, 혹은 은퇴할 때까지의 기간으로 주식에 투자하는 것을 말해. 수익을 내지 못하던 작은 회사가 수익을 내기까지 5년 정도는 지켜봐 줘야 하거든. 물론 긴 시간을 투자하는 장기 투자가 단기 투자보다는 기다리기 힘들고 위험도가 높아. 그만큼 오랜 시간을 두고 자본주의 경쟁 시장에서 살아남기가 쉽지 않지.

기계나 부동산 같은 회사의 자산도 오랜 시간이 지나면 노화로 인한 보수 문제나 화재, 재난 등 여러 가지 위험에 노출될 확률이 커져. 위험도는 높지만 이렇게 장기적으로 자산을 오랫동안 유지하면 인플레이션을 통한 자산 가치 상승은 기본이고, 성장으로 인한 주가 상승과 복리 효과 등을 보며 큰 수익을 얻게 돼.

복리 효과는 원금에 이자가 붙고, 원금이 커진 후에 다시 이자가 붙고 하면서 시간이 가면 갈수록 전체 금액이 기하급수적으로 증가하는 것을 의미해. 이 복리 효과를 이해하면 장기적으로 꾸준히만 투자해도 부자가 될 수 있다는 것을 알게 될 거야.

복리식 투자는 어린 나이에 일찍 시작할수록 좋아. 50세에 은퇴자금 5억 원으로 시작한다면 10%씩 수익을 내어 57.2세가 되면 10억 원을 모을 수 있겠지만, 일찍 투자를 시작해서 46세에 10억 원을 모은 사람에 비하면 뒤처지게 되지. 46세에 57.2세인 사람보다 10살 정도 일찍 10억 원을 가지고 시작한 사람은 7.2년 뒤인 53.2세에 이미 20억 원을 모으고, 60세 무렵에는 40억 원을 모아 은퇴할 수 있지.

물론 주식 시장에서 평균 10%의 수익을 얻는다는 것은 쉬운 일이 아니야. 하지만 복리 효과를 이해한다면 적절한 위험을 감수하며 주식 시장에 오랫동안 투자하는 것이 부자가 될 확률이 높다는 것을 알게 될 거야.

72의 법칙

72의 법칙에 따르면 투자금이 2배 되는 시간을 계산기 없이도 쉽게 구할 수 있다. 72를 매년 거둘 수 있는 이자율로 나누면 걸리는 시간이 계산되고, 72를 남은 시간으로 나누면 매년 이루어야 하는 수익률이 나온다.

예를 들면 투자 기간이 앞으로 10년 남은 사람이 지금의 원금을 2배로 만들려면 매년 7.2%의 수익을 거두면 된다. 3,000만 원의 돈을 모은 후에 연 10%의 이자율로 수익을 거두면 7.2년의 시간이 걸려야 2배인 6,000만 원을 만들 수 있다.

그 후에 10%의 이자율로 7.2년이 지나면 2배인 1억 2,000만 원의 돈이 모인다. 또 같은 이자율로 7.2년의 시간이 지나면 2배인 2억 4,000만 원이 모인다. 따라서 3,000만 원은 21.6년의 시간이 지나면 2억 4,000만 원이라는 8배의 수익을 얻게 된다.

10%밖에 안 되는 이자라고 할 수 있지만, 요즘 은행에서 제공하는 2% 미만의 이자에 비하면 높은 이자율이고, 미국 부동산 상승률 5%에 비해도 크다. 위험도를 높여 위험자산인 주식에 투자해야만 장기적으로 이러한 수익을 얻을 수 있다.

21.6년의 시간은 10세에 시작한 사람에게는 31.6세에 3,000만 원으로 2억 4,000만 원을 만들 수 있는 기회를 주고, 이후에도 계속 수익이 생겨 적립했다면 적은 나이에 큰돈을 만들 수 있다. 이후에도 계속 10%의 수익을 얻는다면 7.2년 후인 38.8세에는 2배인 4억 8,000만 원, 7.2년 후인 46세에는 2배인 9억 6,000만 원이라는 돈이 생기게 된다.

안전장치
돈을 따려 하지 마라

큰 위험은 큰 수익률과 크게 망할 확률이 동시에 따라오고, 작은 위험은 작은 수익률과 적게 돈을 잃을 확률이 따라와. 이 위험도를 적절히 유지해야만 투자에 성공할 수 있어. 위험을 생각하지 않고 자신도 모르게 위험도를 높여 놓으면 심리적으로 굉장히 불안해지고 삶이 힘들어져. 뿐만 아니라 위험이 닥쳤을 때 회복할 수 없을 정도로 투자금을 잃어버리게 돼.

투자의 대가인 워런 버핏은 투자에서 가장 중요한 위험을 줄이고 적절한 수위 조절을 통해 장기적인 이익 창출을 하려고 해. 그래서 첫째 원칙으로 돈을 잃지 말라고 했고, 둘째·셋째 원칙으로는 그것을 잊어버리지 말라고 했어. 돈을 잃지 않으려고 노력하는 것은 위험도를 낮추려고 노력하는 거야.

곰곰이 생각해 보면 도박하듯이 돈을 따려는 마음보다 위험도를 낮추어 돈을 잃지 않으려고 노력하는 것이 장기 투자에서 중요하다는 것을 알게 될 거야. 위험도를 높이는 상황은 자신의 욕심을 통제하지 못하고 단기간에 많은 수익을 내고 싶어 하는 조급함 때문에 발생하게 돼.

주식 투자를 할 때 인간의 욕심은 쉽게 통제가 안 되고 강한 정신력(멘탈)이 요구되기 때문에 멘탈을 지켜 주는 여러 가지 장치가 필요해. 헤지로 대표되는 자산 배분은 욕심을 적절히 통제하면서 위험도를 조절하는 가장 좋은 방법이야.

인간의 욕심을 통제하는 것은 신의 도움 없이는 불가능해. 따라서 욕심을 버리라는 투자의 원칙을 도와주는 법적 제도와 장치를 이용하는 것이 현명한 선택이야.

미국에는 욕심과 조급함을 제어해 주는 장치들이 있어. 1년 이상 투자를 하면 장기 캐피털 게인capital gain 세금을 내야 해. 2022년 현재 수익이 4만 400달러(결혼한 부부 8만 800달러)까지는 세금이 0%, 수익이 4만 401달러(결혼한 부부 8만 801달러)~44만 5,850달러(결혼한 부부 50만 1,600달러)는 15%, 그 이상은 20%를 내야 해.

그런데 1년 이하로 보유하면 자신의 세금 비율tax bracket에 따라 10%, 12%, 22%, 24%, 32%, 35%, 37%의 세금을 내게 돼. 5만 5,901달러(결혼한 부부 8만 3,551달러)~8만 9,050달러(결혼한 부부 17만 8,150달러) 정도 버는 중산층의 경우 원래는 소득세를 22% 내야 하는데, 주식을 1년 이상 보유하면 15% 정도의 자본소득 세금을 내면 돼서 7%의 세금감면 혜택을 누릴 수 있게 되는 거야. 이렇듯 미국에서는 1년 이상의 장기 투자를 격려하는 세금 제도가 잘 되어 있어.

또 다른 세금 혜택은 401K와 403D 플랜과 같은 세금 혜택 제도야. 401K와 403D 플랜의 경우에는 자신이 일하는 직장을 통해서 월급의 일정 부분(2만 500달러까지)을 은퇴자금으로 투자하는 경우에 59.5세까지는 세금을 면제해 줘. 당장 세금을 내지 않아 한창 많이 벌 때의 높은 소득세율보다 은퇴 후의 적은 세율로 퇴직금을 조금씩 찾을 수 있게 도와주지. 물론 그 이전에도 돈을 찾을 수 있어. 하지만 높은 세율을 적용받을 뿐 아니라 10%의 과징금이 붙게 되어 대부분의 사람은 중간에 찾지 않아. 회사를 통하지 않고 시중 은행을 통해서도 개인퇴직계좌IRA: Individual Retirement Account를 개설하여 매년 6,000달러까지 세금을 내지 않고 59세반까지 투자를 할 수 있어.

401K나 403D 플랜은 직접 자신이 ETF나 뮤츄얼 펀드를 운영할 수 있기 때문에 현금, 채권, 부동산 등 안전자산 펀드와 위험자산 펀드를 직접 고를 수 있어. S&P 500, RUSSELL 1000, RUSSELL 2000 등 인덱스 추종 수동적 펀드나 가치주 위주의 펀드, 적극적인 성장형 펀드 등 다양하게 골라서 투자를 할 수 있어.

물론 위험성이 적은 연금형 펀드들도 있어. 아이들을 위한 529 플랜도 그중의 하나야. 세금을 미리 내고 아이들의 대학교 등록금에 미리 투자해 놓기 때문에 나중에 아이들이 대학에 갈 때는 세금을 내지 않고 투자금을 빼서 학비로 낼 수 있어.

개인형 퇴직연금 제도

한국에는 개인형 퇴직연금IRP: Individual Retirement Pension이 있다. 자영업자를 포함하여 소득이 있는 모든 취업 근로자가 재직 중에 자율로 가입하거나, 퇴직 시 받은 퇴직급여를 계속해서 적립·운용할 수 있는 제도이다. 2022년 현재 연간 1,800만 원까지 납입할 수 있으며, 근로자는 최대 700만 원까지 세액공제가 된다. 따로 연금저축에 가입하는 경우에는 400만 원까지 합산하여 700만 원 세액공제 혜택을 받을 수 있다. 단 직접 투자 선택을 할 수는 없다.

자산 배분
나비처럼 날다가
벌처럼 쏴라

자산 배분은 위험을 줄이기 위해 자산을 여러 곳에 적절히 나누어 놓는 것을 말해. 크게는 안전자산과 위험자산으로 나누어 투자하면서 위험도를 조절해.

미국에서는 100세까지 산다고 가정하고 100에서 자기 나이를 뺀 것만큼의 비중으로 위험자산에 투자하는 것이 관행적으로 행해지고 있어. 자신이 40세면 60%를 위험자산에 투자하고 40%는 안전자산에 투자하고, 20세면 80%를 위험자산에 투자하고 20%는 안전자산에 투자하는 거지. 나이가 젊으면 위험자산에 투자했다가 돈을 잃더라도 다시 회복할 수 있는 시간이 충분하기 때문에 위험자산 비율을 높이는 거야.

나이가 있을 경우 위험도가 높은 곳에 투자하여 투자 수익을 높이고 싶은 유혹이 들더라도 60세라면 40% 정도만 위험자산에 투자하는 것이 안전해. 직장에서 은퇴하여 꾸준한 수익이 없는 상황에서 주식 투자를 했는데 회사가 망하는 등 위험한 상황이 닥치게 되면 회복할 수 없게 되고 노후가 불안정해지기 때문이야. 주식 투자는 복리 효과를 거둘 수 있는 긴 시간과 꾸준한 수익이 핵심이기 때문에 나이에 맞는 적절한 자산 배분이 무엇보다도 중요해.

전통적으로 안전자산에는 금·달러를 포함한 현금·부동산·금·채권 등이 있고, 위험자산에는 주식과 최근 들어 부각된 암호화폐가 있어. 주식 시장이나 암호화폐 시장이 붕괴한 경우 혹은 투자한 회사가 어려워져서 주가가 폭락한 경우에 안전자산을 가지고 있으면 다시 회복할 수 있는 발판을 마련할 수 있어. 안전자산은 경제공황과 같이 경기가 좋지 않은 경우에 중요한 도피처로 작용하기 때문에 가치가 더욱 올라가는 경향이 있어. 그렇기 때문에 위험자산 시장이 붕괴되는 경우에 중요한 헤지 수단이 돼.

채권

채권bonds, securities, notes은 정부나 회사에서 빚을 내서 자금을 마련하는 것을 말한다. 파산 위험이 없는 전통적인 안전자산으로 다양한 주체에 의해서 발행된다. 2015년, 2018년, 2022년과 같이 미국 정부에서 기준금리를 올리는 시기에는 2차 시장에서 채권 가격이 떨어지는 경향이 있고, 인플레이션이 심해지는 시기에는 안전자산으로 분류되기 어렵다. 미국에는 다음과 같은 종류가 있다.

U.S. Treasury Securities

미국 연방정부에 의해 발행되며 가장 안전하다. 'full faith and credit' 규정에 의하여 경기 후퇴, 인플레이션, 전쟁이 일어나더라도 보장해 준다. 경매를 통해 20개 이상의 딜러에 의해서 구매되는데 2차 시장에서 소비자들에게 100달러 단위로 판매된다. Treasury Notes는 2년, 3년, 5년, 7년, 10년짜리가 있으며, 이자가 6개월에 한 번씩 지급되고, 이자 소득은 세금을 낸다. 30년짜리는 Treasury Bonds라고 부른다.

U.S. Savings Bonds

미국 정부에 의해 발행된다. 25달러 단위로 은행이나 협동조합credit union에서 살 수 있다. 고용주가 임금 대신에 지급하는 경우가 많으며, 2차 시장이 형성되지 않는다. 이자는 매달 지급되며, 금리 인상 시 I Bonds와 EE Bonds 중 I Bonds만 인플레이션으로부터 보호받는다.

MBS(Mortgage-Backed Securities)

담보채권으로 집과 다른 부동산에 의해 담보가 보증된다. 은행이 가지고 있는 담보mortgage들을 합하여 하나의 묶음pool로 만들어진다. 이 담보 묶음은 Fannie Mae나 Feddie Mae 같은 GSEGovernment Sponsored Enterprise 또는 Ginie Mae 같은 연방정부기관에게 팔린다. Ginnie Mae가 산 MBS는 미국 정부에 의해 보증되지만, GSE가 산 MBS는 보증되지 않으므로 신중하게 알아보고 사야 한다.

MBS는 이자가 지급되는데 조금씩 증가하여 만기일 근처에서는 원금을 지급받게 된다. 미국에서 집을 살 때 이용하는 모기지는 처음에 이자만 내다가 점차로 원금을 갚는 비중이 높아지는데 이것을 받는 입장에서 생각하면 된다. 집을 구매한 사람이 투자자에게 돈을 지급하는데 이를 Pass-Through(통과)라고 부른다. 30년, 15년, 5년 정도 고정금리나 변동금리로 받게 된다.

그 밖에 이 다양한 종류의 묶음을 합친 CMO^{Collateralized Mortgage Obligations}에 투자하기도 하는데, 이는 전문가적 영역이라 채권 펀드를 구입하는 게 좋다.

Corporate Bonds

회사채로 회사가 주식을 발행하지 않고 빚을 내는 경우에 해당한다. 주식처럼 회사에 대한 소유권은 받지 않지만 회사가 파산하는 경우에 우선적으로 투자금의 일부를 돌려받을 수 있다. 짧게는 1년, 최대 30년까지의 만기로 발행되며, 이자율은 쿠폰^{coupon}이라고 부르는데 발행될 때 정해진다.

회사채는 투자등급과 투기등급^{non-investment}으로 나뉘는데, 투기등급은 이자율이 높아 하이 일드^{High Yield} 채권이라고 부른다. 대부분의 회사채는 OTC^{Over-The-Market}, 장외로 딜러들 간에 거래된다. 담보회사채^{Secured Corporates}는 공장이나 설비 같은 회사의 담보에 의해 보증된다. 하위채권^{Junior/Subordinated Bonds}은 담보가 없는 Unsecured/Debentures라고 불리는데, 단지 회사의 좋은 신용에 의해 보증된다.

제3자에 의해 보증이 되는 보증/보험 채권^{Guaranteed/Insured Bonds}도 있고, 주식으로 전환할 수도 있는 전환사채^{Convertibles}도 있다. 회사채는 지급불이행 위험이 있고, 제3자가 사 주기 힘든 유동성 위험, 정부 금리 인상에 노출되거나 인수 합병 등으로 인한 위험 등 다양한 위험이 존재한다.

TIPS(Treasury Inflation Protected Securities)

미국 재무부는 투자자들을 인플레이션으로부터 보호한다. 2021년, 2022년과 같이 정부의 양적 완화로 인플레이션이 심각해지는 상황에서 헤지하기 좋은 채권이다.

5년, 10년, 30년 만기로 발행되며, CPI^{Consumer Price Index}에 따라서 1년에 두 번 원금이 조정되고, 이자는 인플레이션 상승에 준하여 지급된다. 인플레이션이 채권 만기 때까지 지속되면 이자는 계속 증가하여 지급되며, 조정된 원금이 액면가보다 높은 경우에는 조정돼서 오른 원금을 받게 된다.

100달러 단위로 살 수 있는데, 미국 정부에 의해 보증된다. 물가가 하락하는 디플레이션이 발생해도 액면가는 보장된다. 하지만 정부 금리 상승에 따른 2차 시장에서 가치가 하락할 위험이 있고, 인플레이션이 심하지 않은 경우에는 정부채보다 수익률이 낮을 위험이 있다.

Agency Securities

연방정부기관이나 Fannie Mae, Freddie Mac, Farmer Mac 같은 정부보증기관^{GSE}에 의해 발행된다. Ginnie Mae 같은 연방정부기관에서 발행되는 것은 정부 보증이 되지만, GSE는 정부 보증이 안 되고 SEC에 등록되어 관리된다.

Municipal Bonds

지방채로 주정부, 도시, 카운티(도시보다 큰 개념)에 의해 도로, 학교 등을 짓기 위해 5,000달러 단위로 발행된다. 만기는 2년에서 30년까지이다. 다른 채권들에 비해 위험도가 높기 때문에 조심해서 투자해야 하지만 이자에 대한 연방소득세가 면제되는 등 세금 혜택이 있어 투자를 하게 된다. 금리상승기에 가치가 하락할 위험도 있고, 2차 시장에서 프리미엄을 주고 산 경우 가격 하락 가능성이 있다.

International and Emerging Market Bonds

나라별로 발행하는 채권을 살 수도 있다. 각 나라가 제공하는 이자율이 다르기 때문에 위험을 분산하기 위해 구입하기도 한다. 하지만 각 나라마다 위험도가 다르고 부도가 나는 나라도 있기 때문에 주의해서 구매해야 한다. 환율로 인해 발생하는 위험도 존재한다. 천 달러 단위로 살 수 있다. 부도 위험, 다시 팔기 힘든 유동성 위험, 금리상승기에 가격이 떨어질 수 있는 위험, 환위험이 있다.

한국에서는 비슷하게 정부채, 지방채, 특수채, 금융채, 회사채로 나뉜다.

금은 20세기 초반까지도 금본위제로 운영되었기 때문에 여전히 대표적인 안전자산으로 여겨지고 있어. 실생활에서는 금을 이용한 투자가 많이 안 보여도, 우리나라를 포함한 많은 나라에서 금을 사서 영란은행 지하금고 같은 곳에 안전자산으로 보관하고 있어. 코로나 19 사태나 우크라이나 전쟁과 같은 일이 벌어지면 시장이 불안해지면서 많은 투자자가 전통적으로 안전자산인 금을 사들여 그 가치가 많이 올라간단다.

금에 투자하는 방법은 여러 가지가 있어. 실제 금인 골드바를 사기도 하고, 금 통장을 개설해서 돈을 넣기도 하고, 금 ETF를 사서 금 관련 상품에 투자하기도 해.

금 매매

- 2022년 기준 금을 증권사 HTS나 MTS를 통해 한국거래소KRX에서 1g 단위로 사는 경우에는 수수료가 0.3%로 적고, 양도소득세가 과세되지 않고, 부가가치세도 면제되는 장점이 있다. 실물 인출도 가능하다.

- 시중 은행을 통해 금 통장을 만드는 경우에는 0.01g 단위로 살 수 있고, 수수료가 1~5%이며, 양도소득세가 과세된다. 배당세 15.4%도 부과된다. 실물 인출이 가능하다.

- 자산운용사가 운영하는 금 펀드나 금 ETF를 통해서 간접적으로 금에 투자하는 경우에 금 펀드는 수수료가 1%, ETF는 수수료가 0.3~0.5%이며, 양도 소득세가 과세된다. 금 펀드의 배당소득세는 15.4%, 금 ETF의 배당소득세는 15.4%이다. 해외 상장 ETF에 투자하는 경우에는 연 250만 원까지 비과세되지만 그 이상은 양도소득세 22%를 내야 한다. 금 펀드와 금 ETF는 특성상 금 인출이나 그램당 구입은 불가능하다.

- 실제로 골드바, 금덩어리를 사는 경우에는 한국거래소 등에서 사야 하는데 수수료가 5%이며, 부가가치세 10%가 부가된다.

달러 또한 브레튼 우드 체제에서 중요한 기축 통화 역할을 했기 때문에 그 체제가 붕괴된 이후에도 계속해서 많은 나라와 회사에서 달러를 보유하려고 하고, 달러를 지불 수단으로 사용하고 있어. 달러의 가치를 평가하는 달러 인덱스는 유로화(57.6%), 엔화(13.6%), 영국 파운드(11.9%), 캐나다 달러(9.1%), 스웨덴 크로나(4.2%), 스위스 프랑

(3.6%)과 비교하여 그 가치를 매겨. 미국은 여전히 경제 규모가 전 세계에서 가장 크기 때문에 달러를 안전자산으로 보유하는 것도 좋은 전략이야.

달러 가치가 떨어지면 한국의 환율이 내려가고, 달러 가치가 올라가면 한국의 환율이 올라가. 환율이 올라가면 한국 수출품들의 가격이 싸져서 한국 수출 기업들에게는 좋지만 수입품을 들여오거나 달러로 빚을 지불해야 하는 기업들은 부담이 커져서 힘들어져. 달러를 보유하면 인플레이션이 오는 시기에는 그 가치가 떨어지기도 하지만 정부에서 이자율을 올려 긴축 정책을 펴거나 경기가 어려워지면 위험을 막아 주는 좋은 헤지가 되고, 환율적인 이득을 볼 수 있다는 장점이 있어.

부동산도 장기적으로 위험을 막아 주는 헤지 역할을 해 줄 수 있어. 위험도가 적은 데다 부동산은 장기적으로 인플레이션과 함께 계속 상승하는 경향이 있어. 부동산 투자는 집과 상업용 건물 등에 할 수 있는데, 미국에서 집은 1992년 이래로 매년 5.3%씩 가격이 올랐어. 따라서 집값이 2배 되는 데는 평균 13.5년이 걸려.

미국에서는 집값의 20% 정도만 자기가 부담하면 따로 PMIPrivate Mortgage Insurance 보험을 들지 않고도 좋은 이자율로 은행에서 대출을 받을 수 있어. 은행에서 융자를 받아서 조금 큰 액수로 집을 사 두면 위험을 낮추어 투자할 수 있게 되어 은퇴할 때는 제법 큰돈이 될 수 있어.

집은 가족이 함께 보금자리를 만들어 가는 곳으로 돈을 넘어선 가치가 있어. 집을 소유하면 가족이 함께 같은 곳에서 오랫동안 생활하며 좋은 추억을 만들어 갈 수 있어. 월세는 계속해서 오르고, 자주 옮겨 다녀야 해서 투자보다는 소비에 가까워. 하지만 집은 한 번 사면 융자받은 돈의 레버리지leverage 효과로 인해 집값 상승에서 오는 투자 이익이 생겨.

이렇게 안전자산을 잘 보유하여 자산 배분을 하고 위험을 줄여 놓으면 주식 시장에서 큰 조정이 오더라도 전체 자산에 충격이 덜하기 때문에 심리적으로 도움을 받을 수 있어. 게다가 많이 떨어진 위험자산을 안전자산을 이용하여 싸게 구매하여 큰 이익을 얻는 기회도 잡을 수 있게 돼. 무엇보다도 쉽게 쓸 수 있는 현금의 샘이 마르지 않게 여유자금을 잘 가지고 있다면, 평소에 갖고 싶던 주식을 싸게 구입할 수 있게 돼.

이처럼 자산 배분을 하여 나비처럼 우아하게 날다가 주식 시장에 기회가 왔을 때 벌처럼 쏘는 것도 부자가 될 수 있는 하나의 지름길이야. 주식 시장은 10년에 한 번 크게 폭락이 오거나 1년에 한두 번씩은 조정이 오거든. 그럴 때 모아 둔 현금이 있으면 좋은 기업의 주식을 싸게 살 수 있게 되는 거지.

같은 이유로 자산 배분은 위험자산에 투자할 때 심적 안정, 다시 말해 멘탈을 유지하는 데도 도움을 줄 거야. 위험자산이 폭락이나 조정을 겪는 경우에 많은 투자금이 안전자산으로 이동하고, 그 가치가 상승하게 되어 수익을 얻을 수도 있어. 안전자산은 멘탈을 잘 잡고 유지하는 데 도움이 돼. 안전자산을 충분히 가지고 있는 경우에는 조정이 오는 경우에 흔들리지 않고 떨어지는 것을 반기면서 주식을 오히려 값싸게 줍줍할 수 있는 기회로 보게 되지.

장기 투자
철저히 공부하고
시작해라

위험자산 중의 하나인 주식에 대한 투자는 한 회사의 지분share을 소유하게 돼. 우선주preferred stock가 아닌 보통주common stock를 사면 투표권도 얻게 되지. 한 회사의 주식을 산다는 것은 그 회사의 운영자들CEO, CFO, CTO, CMO, CLO 등과 상품, 재무제표, 현금흐름, 성장률 등을 포함한 펀더멘털을 보고 투자하는 거야.

오직 주식의 수급 상황에 의해 결정되는 주가만 보고 단기적인 거래를 하는 것은 단기 매매라고 해. 단기 트레이더들은 다양한 종류의 차트(이평선, 봉차트, 볼리저밴드 등)를 보고 기술 분석을 하여 그날그날 수익을 얻으려고 해. 따라서 단기 매매는 주식 시장이 열릴 때부터 닫힐 때까지 계속 지켜보면서 해야 하기 때문에 트레이더라는 전문 직업이 존재해.

트레이더들은 순발력과 과도한 에너지가 소비되기 때문에 월가에서는 30대 정도까지만 할 수 있고, 직업수명이 짧은 편이야. 전문적인 훈련을 받지 않고 하는 단기 매매는 거의 도박에 가깝고 육체적, 정신적 고통이 심하기 때문에 지양했으면 해.

투자는 장기로 하는 것이 좋아. 장기라고 하면 짧게는 1년(미국에서는 1년 이상을 장기로 보고 세금 감면 혜택을 준다.), 길게는 은퇴할 때까지 투자금을 유지하는 것을 말해. 장기 투자에서 기본적으로 가정하는 것은 주가는 단기적으로는 변동성을 겪을지라도 장기적으로는 우상향한다는 거야. 가까이서 보면 큰 파동이 치지만, 멀리서 보면 우상향하는 하나의 선이 보여.

이는 물론 좋은 회사를 잘 선택한다는 가정을 포함한 거야. 좋은 회사를 잘 선택한다면 인플레이션으로 인한 자산 가격 상승과 함께 기업의 매출과 수익이 계속해서 좋아지기 때문에 주가는 장기적으로 우상향한다고 믿어야 해. 미국에서 1950년대 이래로 살아남은 좋은 기업들의 주가는 현재 모두 상승해 있어.

투자는 좋은 나무를 심는 것과 비슷해. 시냇물이 흐르는 좋은 땅에 좋은 묘목을 심고 그 나무가 자라면 열매를 맺고, 우리는 그것을 수확하여 팔아 다시 다른 나무를 심는 거야. 다시 말해, 향후 전망이 좋은 분야(섹터)에서 좋은 회사를 찾아 투자했을 때 그 회사가 성장하여 수익을 잘 내면 주가가 많이 올라가고 배당도 받아. 그러면 우리는 그 수익을 같은 기업에 더 투자하거나 다른 기업을 찾아 투자하는 거야.

가끔 날씨가 흐려 시장에 조정이 오거나 폭락이 올 때도 있고, 전쟁이나 질병, 정책 변화 등 외부 충격black swan이 올 때도 있어. 하지만 꿋꿋이 버틴 회사는 결국에는 주가나 배당금으로 좋은 성과를 내서 우리에게 큰 기쁨을 가져다줘.

그런데 주식 투자를 시작하기 전에 명심할 것이 있어. 한 번 투자하면 은퇴할 때까지 굉장히 오랜 시간을 가져가야 하기 때문에 그 회사에 대해 철저히 공부해야 해. 회사의 무엇을 공부해야 할까 고민이 되겠지만, 다각적으로 회사의 많은 면을 보려고 노력하면 돼.

우선적으로 주변에서 괜찮은 상품이나 서비스를 제공하는 회사를 고르는 것이 좋아. 같은 상품이나 서비스가 유럽이나 아시아 등 전 세계 시장에서 어떤 반응을 얻고 있는지도 파악해야 해. 그런데 한국에서 미국 주식에 투자하려면 그러한 것이 쉽지 않겠지.

요즈음은 눈에 보이지 않는 인공지능 소프트웨어나 반도체 같은 기술적인 것도 많이 나오고, 직접 써 볼 수 없는 B2B 기업에도 투자해야 하는 상황이라 직접 보고 만져 보고 경험해서 판단하기는 힘들어. 그러한 경우에는 회사 홈페이지에 들어가 보거나, 적극적으로 회사 홍보실에 연락하여 회사의 제품이나 서비스에 관해 알아보는 게 필요해.

미국 같은 경우에는 전문 경영인을 두기 때문에 회사의 CEO를 포함한 경영진의 경영 능력과 도덕성을 파악하는 것도 중요해. 회사의 재무제표를 통해 수익과 비용, 장단기 빚 상태 등 현금흐름도 보아야 해. 다른 기업들과 비교하면서 회사의 가치를 측정하는 밸류에이션

valuation도 파악해 보고, 매출 이익 성장률과 모멘텀 등도 보면 좋아. 그 회사에 투자하는 기관이 있는지, 향후 1년간이나 5년간의 목표주가는 어느 정도 될까도 살펴보면 좋아. 이러한 것들은 보통 주식 거래를 도와주는 HTSHome Trading System나 MTSMobile Trading System를 제공하는 주식 거래 회사에서 기본적으로 제공해 줘.

 ## 재무제표 / 손익계산서 / 현금흐름표

재무제표(balance sheet)
투자자들과 채권자들은 재무제표를 통해 얼마나 회사가 잘 운영되고 있는지, 파산 위험성이 있는지를 알 수 있다. 회사들은 각 회계 기간별로 회계사들을 고용하여 재무제표를 제출한다. 재무제표는 회사의 자산assets, 채무liabilities와 주주들의 주식 자산 가치를 보여 준다. 총 자산은 총 채무와 주식 자산 가치를 합쳐서 계산한다. 채무는 회사가 얼마나 많은 빚을 지고 있는가를 말하고, 주식 자산 가치는 총자산에서 채무를 뺀, 즉 빚을 다 낸 후에 남는 자산을 말한다.

- 현자산(current assets) 단기자산short-term assets으로 1년 이하로 보유하는 것을 말한다. 이에는 현금cash과 단기투자금marketable securities, 단기로 다른 회사에서 받을 빚 accounts receivable, 재고inventories(원재료나 부속품이나 팔거나 배달 전에 생산된 제품)로 구성된다.

- 장기자산(long-term assets) 1년 넘게 보유하는 자산을 말한다. PPEProperty, Plant, and Equipment(부동산, 공장이나 장비 등 장기적 이익을 창출하는 것들)와 저작권이나 상표,

특허 등 무형자산^{intangible assets}이 포함된다.

 - 현채무(current liabilities) 1년 안에 지불해야 하는 빚을 말한다. 당장 지급할 빚^{accounts payable}과 당장 지급할 비용^{accounts expenses}으로 구성된다.

 - 장기채무(long-term liabilities) 1년 후에 지급해도 되는 빚을 말한다. 월세^{rent}, 세금^{taxes}, 관리비^{utilities}, 임금^{wages payable}, 배당금^{dividends payable}이 해당된다.

 - 주주 자산 가치(shareholder's equity) 회사의 재정적 건강을 파악하는 데 도움이 된다. 배당금으로 지불되지는 않았지만 재투자나 빚을 지불하기 위해 벌어들인 돈^{retained earnings}이 포함된다.

손익계산서(income statement)

손익계산서도 투자에 많이 활용되는데 분기별 또는 매년 매출과 비용을 보여 준다. 손익계산서는 회사가 수익을 내는지 손해가 나는지를 보여 주어 회사의 재정적 상태와 장기적인 전망을 파악하는 데 도움을 준다. 매출을 늘리면서 비용을 줄이는 것은 굉장히 중요하므로 계속적인 관찰이 중요하다.

 - 순판매(net sales: revenue, 총 매출) top line이라고도 부르며, 손익계산서의 가장 위에 위치한다.

 - 판매비용(COGS: Cost of Goods Sold) 일정 기간 동안 제품과 서비스를 생산하기 위해 쓴 비용을 나타낸다. 생산과 관련된 직접적인 비용만을 다룬다.

 - 판매관리비(selling, general, and administrative) 직접 생산과 관련이 없는 다른 비용을 말한다.

 - 운영수익(operating income) 총 매출에서 총 비용을 뺀 것을 말한다.

 - 이자비용(net interest expenses) 빚과 관련된 이자 비용을 나타낸다.

 - 순이익(net income) net profit 혹은 bottom line이라고도 부른다. 손익계산서의 마지막 숫자로 총 비용에서 세금과 이자 비용까지 뺀 것을 의미한다.

현금흐름표(cash flow statement)

현금흐름표를 보면 회사에서 현금이 어떻게 들어오고 나가는지, 회사가 빚을 얼마나 잘 갚고, 비용을 지불하기 위해 현금을 얼마나 잘 유지하는지를 볼 수 있다. 기본적으로 운영, 투자, 재정으로 인한 현금흐름으로 나눠서 볼 수 있다.

- 운영현금흐름(cash flow from operating activities) 회사의 제품과 서비스로부터 얼마나 현금이 만들어지는가를 보여 준다. 운영은 제품, 서비스 판매, 비용 지급, 이자 지급, 세금 지급, 임금과 월세 등을 포함한다.
- 투자현금흐름(cash flow from investing activities) 회사가 자산을 사거나 판매하고, 대출 활동을 하거나, 인수 합병과 관련된 비용을 포함한다.
- 재정현금흐름(cash flow from financing activities) 투자자나 은행으로부터 현금을 받거나 주주들에게 지불된 현금을 말한다. 배당금이나 자사주 매입, 빚의 원금 상환 등이 포함된다.

이처럼 회사를 둘러싼 내·외적인 면을 충분히 공부한 후에 그 회사에 대한 장기적인 믿음이 생기면 그때 주식을 조금씩 사서 투자를 하면 돼. 이렇게 되면 시장에 조정이 오거나 폭락이 와도 회사에 대한 믿음이 흔들리지 않아.

하지만 계속 투자하는 과정에서 처음에 보았던 회사의 근본적인 사정이 변한 경우에는 투자금을 회수해야 해. 회사 경영진에게 도덕적인 문제가 있거나, 회사의 내부 문제나 강한 경쟁자의 등장으로 회사의 성장에 문제가 생긴 경우에는 손해를 보더라도 투자금을 회수해야 해. 따라서 계속해서 회사에 관심을 가지고 장기적인 흐름을 지켜보는 것이 중요해.

또한 그 회사가 성장할 수 있는 산업의 확장 성장 가능성을 보면서 회사의 유효시장TAM: Total Addressable Market을 계속해서 보아야 해. 전 세계 시장으로 잘 확장해 나가면서 경쟁에서 우위에 놓인 회사도 좋고, 지금은 2등이지만 1등의 위치에 올라갈 수 있는 회사도 좋아. 선택과 집중 전략을 잘 쓰는 기업들도 괜찮아. 선택과 집중은 회사 운영에서 경쟁 전략으로 쓰이는데, 애플처럼 이런 전략을 써서 성공한 기업이 많아.

선택과 집중 전략을 잘 쓰는 회사는 특정 섹터나 특정 지역 내에서 소비자들을 조사해서 접근하기 때문에 경쟁적 우위에 설 때가 많고 장기적으로 성공하는 경우가 많아. 한국의 재벌기업들처럼 문어발식으로 전 분야에서 경쟁하려는 기업들은 특정 분야에서 실패하는 경우가 있어.

애플도 경쟁적으로 불리한 섹터를 정리해 내고 운영에서 경쟁력이 있고 장래가 좋아 보이는 분야에 집중한 결과 현재의 위치에 올 수 있었어. 특정 섹터나 지역에서의 접근성, 수익성, 매출, 수요, 경쟁기업들, 비용 감축 여부, 소비자들을 끌어올 가능성, 문화적인 면 등 모든 면을 고려해서 선택하여 집중하는 전략이지.

회사가 속한 산업군을 분류하는 섹터는 정확하게 구분되지 않지만 기술, 소프트웨어, 통신, 정보, 반도체, 금융, 필수소비재, 임의소비재, 에너지, 대체에너지, 유틸리티, 산업재, 원자재, 헬스케어 등이 있어. 아마존이나 테슬라같이 임의소비재와 기술 분야 등 다양한 섹터에 분류될 수 있는 기업들도 있어.

산업 분야를 고를 때는 시기별 장기 모멘텀을 고려해야 할 경우도 있어. 모멘텀이 안 좋은 시기에는 특정 섹터의 기업 실적이나 전망(가이던스)이 좋지 않아 주가가 조정을 겪기도 하거든. 2022년처럼 미국 연준에서 이자율을 올리고 채권의 대차대조표를 축소하는 통화긴축 정책을 피는 시기에는 나스닥에 속한 기술, 소프트웨어, 통신, 정보, 반도체 같은 성장주보다는 다우 지수에 편입된 금융, 필수소비재, 에너지, 대체에너지, 유틸리티, 헬스케어와 같은 전통 가치주가 더 각광을 받기도 해. 하지만 5년 이상 장기로 가져가는 경우에는 매해 변화하는 시장에 일일이 다 대응할 필요는 없겠지.

안목
끊임없이 공부하고
연구해라

끊임없이 공부하고 연구하다 보면 좋은 회사를 고르는 안목이 생길 거야. 거라지 세일garage sale이나 에스테이트 세일estate sale에서 아주 희귀한 골동품 같은 보물을 찾아내는 안목은 역사와 미술사에 대한 공부가 바탕이 되고 직접 경험을 하면서 쌓이게 되지. 그와 마찬가지로 좋은 회사를 발굴하는 것도 오랜 경험과 연구가 필요해. 오를 놈은 오르게 돼 있고, 떨어질 놈은 떨어지게 돼 있어. 좋은 안목으로 고른 주식은 튼튼한 묘목일 테고 은퇴할 때까지 병충해를 이겨 내며 많은 과실을 맺고 많은 수익을 가져다주는 너의 인생주식이 될 거야.

지금 세상은 많은 변화를 겪고 있어. 인공지능, 로봇, 자율주행, 사물인터넷, 빅테이터, 5G, 자연어 처리, 클라우드 서비스 등 4차 산업혁명은 2010년대부터 이미 시작되었고, 우리는 이미 그것을 경험하고 있어. 이전의 산업혁명에서는 사람들을 이롭게 하는 기술들이 등장했다면, 4차 산업혁명에서는 기본적으로 인간이 하던 역할을 새로운 기술들이 대체하고 있어.

마이크로소프트의 CEO인 사티야 나델라Satya Nadella가 말했듯이, 코로나19 사태 이후에 사람들의 인식은 많이 바뀌었고, 우리의 미래는 더욱 앞당겨졌어. 사람들은 집에서 원격으로 일하는 것을 당연시하게 되었고, 공간과 노동력에 대해 새로운 인식을 하게 되었어.

1970년대 이래로 무어의 법칙Moore's Law에 따라 기술은 기하급수적으로 발전하고 있고, 생산 비용도 많이 줄어들고 있어. 인공지능 발전도 30년 정도 후에는 특이점을 지나가고, 결국엔 인간들이 통제할 수 있는 영역을 벗어나 슈퍼 인텔리전스super-intelligence의 단계로 넘어가게 될 수 있어. 인공지능은 금융, 자율주행, 통역, 진단, 일기예보 등 한 분야에서만 사용되는 것이 아니라 여러 분야에서 한 번에 딥 러닝deep learning을 통한 다중지능을 실현하게 되고, 로봇과 결합하게 되면서 무서운 힘을 발휘하게 되겠지.

이러한 세상의 변화에 기업들도 발맞추어 변해 가려고 노력하고 있어. 2010년대에만 해도 초기 단계여서 수익을 내지 못하던 4차 산업혁명 관련 기업들이 이제는 대량생산을 달성하며 큰 수익을 내기 시작하고 있어. 구글, 애플, 마이크로소프트, 아마존, 메타플랫폼스, 엔비디아, 테슬라 같은 기업들은 전 세계의 4차 산업혁명을 이끌고 있어. 또한 인공지능, 자율주행, 메타버스, 증강현실, 클라우드 서비스, 이커머스, 우주산업, 로봇, 드론 등 다양한 분야에서 R&D 비용을 계속해서 늘려 나가고 있어.

4차 산업혁명 유효시장(TAM) 규모와 연성장률

- 클라우드 시장 2022년 현재 4,453억 달러에서 2026년까지 9,473억 달러로 매년 성장률CAGR: Compound Annual Growth Rate이 16.3%씩 확대될 것으로 예상한다.

  – 대표 기업: 아마존, 마이크로소프트, 구글, 애플

- 인공지능 시장 2021년 현재 583억 달러에서 2026년까지 3,096억 달러로 매년 CAGR가 39.7%씩 확대될 것으로 예상한다.

  – 대표 기업: 아마존, 마이크로소프트, 구글, 엔비디아, 아이비엠, 메타플랫폼스, 어도비, 애플

- 전기차 시장 2020년 현재 1,630억 달러에서 2030년까지 8,237억 달러로 매년 CAGR가 18.2%씩 확대될 것으로 예상한다.

  – 대표 기업: 테슬라, 루시드, 폭스바겐, GM, 포드, 현대, 니오

- 가상현실 또는 메타버스 시장 2027년까지 1,012억 달러로 매년 37.4% 성장하고, 전 세계적으로는 52.5% 성장할 것으로 예상한다.

  – 대표 기업: 메타플랫폼스, 마이크로소프트, 구글, 엔비디아, 애플

- 착용 가능한 기술 시장 2022년 현재 279억 달러에서 2026년까지 740억 달러로 매년 17.65%씩 성장할 것으로 예상한다.

  – 대표 기업: 메타플랫폼스, 마이크로소프트, 구글, 엔비디아, 애플

- 증강현실 시장 2020년 41억 달러에서 2028년 977억 달러로 2028년까지 매년 48.6%씩 성장할 것으로 예상한다.

  – 대표 기업: 마이크로소프트, 구글, 애플, 삼성, 뷔직스

- 반도체 시장 2021년 현재 4,522억 달러에서 2028년까지 8,031억 달러로 매

년 CAGR가 8.6%씩 확대될 것으로 예상한다.

  - 대표 기업: 엔비디아, AMD, 퀄컴, 삼성, TSMC, ASML

● **이커머스 시장** 2021년 현재 4,522억 달러에서 2027년까지 16조 2,156억 달러로 매년 CAGR가 22.9%씩 확대될 것으로 예상한다.

  - 대표 기업: 아마존

이처럼 대형 빅테크 회사들뿐 아니라 많은 중소형 테크와 소프트웨어 회사들도 4차 산업혁명에 기여하고 있어. 아주 오랫동안 우리 생활 속에 필수적으로 존재했던 소비재와 유틸리티, 에너지와 헬스케어 회사들은 계속해서 수익을 내고 지속 가능할 거야. 하지만 2025년 이후 앞으로 10년간 우리의 세상과 삶에 더 큰 영향을 미치는 기업들은 4차 산업혁명을 주도하는 기업들이 아닐까 해.

2022년에는 인플레이션과 각국 정부의 통화 재정 긴축 정책으로 당분간 성장주들이 어려움이 있을지 모르지만, 2025년 이후 장기적으로 은퇴할 때까지 생각한다면 주가가 많이 떨어졌을 때 조금씩 모아 두는 것도 현명한 선택이 될 거야. 열심히 공부해서 멀리 보고 긍정적인 투자를 하며 투자한 주식들을 오랫동안 잘 가지고 가기를 바라. 피터 린치가 말하는 텐 배거, 곧 10루타를 칠 수 있는 종목들을 잘 고를 수 있는 안목이 곧 생기길 바라.

분산 투자
나의 새로운 직업은
포트폴리오 매니저이다

위험자산인 주식에 투자하게 되면 위험을 관리하는 것이 더욱 중요해져. 한 종목이나 한 섹터에 몰아서 투자하는, 소위 몰빵을 하면 위험을 관리하지 못하여 크게 돈을 잃을 확률이 높아지게 돼. "달걀을 한 바구니에 담지 말라."는 이런 상황을 말하는 거야.

제2차 세계대전 이후 지난 70여 년간 많은 회사가 생겨났고 사라져 갔어. 어떤 회사들은 오랜 기간 경쟁에서 살아남았지만, 어떤 회사들은 경쟁에서 도태되어 문을 닫았고, 세계 경제에 큰 위기를 초래하기도 했지. 2008년의 리먼 브라더스 사태가 그 한 예야. 분산 투자를 한 경우에는 한 회사가 망하더라도 전체 포트폴리오에서 보는 손해는 적기 때문에 충격이 많이 완화되는 효과가 있고, 계속 주식 시장에 머물며 심리적으로 잘 버틸 수 있어.

4차 산업혁명을 바라보고 성장주만 들고 가거나, 전기차나 반도체만 들고 가는 것도 적절한 분산은 아니야. 따라서 매해 바뀌는 흐름에 맞추어서 종목별 비중 조절을 하는 리밸런싱을 하는 경우, 적절한 대응과 방어를 할 수 있게 가치주와 성장주, 대형주와 중소형주를 잘 나누어 놓는 것이 중요해. 어떤 해에는 가치주 70%, 성장주 30%로 가져가다가 어떤 해에는 가치주 30%, 성장주 70%로 늘릴 수가 있겠지. 시장의 거시적 흐름을 잘 이해하면서 시기별로 리밸런싱을 적절히 한다면 효과적으로 위험에 대응할 수 있게 될 거야.

직접 주식 투자를 하면 펀드매니저라는 새로운 직업이 생겼다고 생각해도 돼. 자신의 포트폴리오를 운영하며 시기별로 리밸런싱도 하고, 분산 투자도 적절하게 하게 되는 거야. 그만큼 주식 투자를 할 때 다른 사람들의 의견에 팔랑귀처럼 흔들리지 않고, 프로 정신과 전문성을 가지고 직접 리서치하고 투자하는 것이 중요하지.

전통적으로 위험자산은 분산 투자하는 것이 좋아. 전 세계적으로 주식을 나누어서 투자하는 것이 안전하고, 수동적인 인덱스를 추종하며 투자하는 것이 안전하다고 해. 한국과 미국의 주식에 나누어 투자하는 것도 바람직한 방법이지. 한국에 투자하는 것이 맞나, 미국에 투자하는 것이 맞나를 놓고 많은 사람이 의견을 내놓는데, 시장을 전 세계적으로 놓고 보면 미국과 한국에 적절하게 비중을 조절해 가면서 투자하는 것이 위험을 분산하는 좋은 방법이 될 거야.

한국 주식과 미국 주식 투자의 장단점

미국에는 전 세계에서 사업을 하는 우량 기업들이 뉴욕증권거래소NYSE: New York Stock Exchange와 나스닥Nasdaq에 많이 상장되어 있다. 로열 더치 셸Royal Dutch Petroleum(Shell), ASML, LG 디스플레이 같은 유럽과 아시아의 좋은 우량 기업들도 ADRAmerican Depository Receipts의 형태로 미국의 은행이나 브로커들을 통해 상장되어 있다.

이들 우량 기업들은 전 세계 시장에서 제조·영업을 하기 때문에 전쟁과 같은 특정 국가의 지정학적 위험에 노출이 적으며, 세력들의 주가 조작에 노출될 위험이 적다. 따라서 전 세계에서 가장 안전한 위험자산 시장이 미국 주식 시장이라고 볼 수 있다. 많은 해외자금이 미국으로 몰리는 경향이 있으며, 장기적으로 우상향할 수 있는 기업이 많다는 장점이 있다.

하지만 미국 주식을 평가할 때 전 세계 시장을 보지 않고 한국 시장만을 기준으로 평가하는 경향이 있는데, 이를 유의해서 접근해야 한다. 스타벅스처럼 한국 시장에서 아주 좋아 보이는 회사도 중국이나 미국에서는 매장 축소나 노조 결성 등과 같은 위험에 노출되기도 한다.

미국 기업들은 투명도와 도덕성이 높은 편이다. 2001년 엔론 사태 이후 기존 1934년의 증권거래법Securities Exchange Act에 더하여 사베인스-옥슬리법 Sarbanes-Oxley Act of 2002 같은 법을 통해 더욱 엄격한 보고 공시 기록 의무를 회사에 부과하였다. 또한 회사의 회계사, 감사원을 비롯하여 직원들을 엄격하게 통제하기 시작했으며, 증권 관련법을 위반한 경우 새로운 형사 처벌을 추가하였다.

미국 회사는 전문경영인CEO, 전문금융담당자CFO, 전문법률담당자CLO, 전문기술담당자CTO, 전문의학담당자CMO 등에 의해 회사가 운영되는 경우가 많다.

회사의 홈페이지를 통해 그들의 약력을 쉽게 확인할 수 있다. 그들이 부도덕하거나 위법한 행위를 하는 경우에는 직원이 직접 이사회에 보고할 수 있고, 회사 외부에도 보고할 수 있도록 법적 체제가 갖추어져 있다.

미국 주식 투자의 단점은 환율 변동에 노출된 위험이 존재하며, 회사에 관한 정보가 영어로 되어 있어 신뢰할 만한 정보에 접근하기가 쉽지 않다는 것이다. 무엇보다도 한국과 시차가 13(서머타임)~14시간 나기 때문에 밤과 새벽에 걸쳐 일어나는 주가 변동에 적절히 대응하기 힘들 때가 있다. 또한 미국 주식은 한국 주식에 비해 밸류에이션 측면에서 고평가된 기업이 많다.

이러한 미국 주식 시장의 단점은 한국 주식 시장의 장점으로 작용할 수 있다. 한국 시장에도 삼성, 현대, LG와 같은 전 세계 시장에서 경쟁력을 갖춘 기업이 많고 저평가된 우량 기업을 많이 찾아볼 수 있다. 한편 한국 시장은 상대적으로 시장 규모가 작아서 외국의 자본과 지정학적 위험에 노출될 위험이 높으며, 전문 경영인을 도입하지 않은 재벌 기업이 많다.

전통적으로 미국에서는 주식에 투자할 때 위험을 분산하기 위해 20~30개 정도의 종목을 가져가는데, 이것은 딱히 정해진 숫자는 아니야. 1977~90년 23여 년 동안 마젤란 펀드를 운용하며 매년 30% 가까이 수익을 냈던 전설의 투자자 피터 린치도 단순히 위험을 분산하기 위해 여러 종목을 가져가지는 말라고 했어.

개개 회사를 하나씩 철저히 공부해 가며 20~30개까지 늘리는 것은 바람직해. 하지만 투자 금액에는 한계가 있기 때문에 공부한 회사가 50개라 해도 모두 다 살 수는 없어. 워런 버핏이 얘기했듯 타석에서서 모든 공을 휘두르지 않아도 스트라이크 아웃을 당하지 않는 게 주식이 야구와 다른 점이야. 모든 주식을 다 사야 부자가 되는 것은 아니야.

초기 투자 금액이 적을 때는 적은 수의 회사에 투자하다가 투자 금액이 많아지면 20개 이상 들고 가는 게 바람직해. 수조 원씩을 운영하는 헤지펀드도 몇 개만 가지고 가는 경우도 있어. 빌 애크먼Bill Ackman이 운영하는 퍼싱 스퀘어Pershing Square의 경우 현재 로우스, 힐튼, 치폴레 등 6개 종목만 보유하고 있어.

종목이 많을수록 위험이 잘 분산되지만 종목이 너무 많으면 여러 가지 시장의 변수에 시기적절하게 대응하며 관리하는 것이 어렵게 돼. 회사별로 경영 상태와 주변 상황 등 장기적으로 영향을 미칠 만한 요소들을 계속해서 모니터링해야 하는데, 직장 생활을 하는 상태에서 종목이 많으면 관리가 잘 안 되겠지. 위기 상황에서 손실 방어를 해야 하는 순간도 오는데 적절한 대응을 하기 어려워져.

워런 버핏의 스승이자 『현명한 투자자The Intelligent Investor』를 쓴 벤저민 그레이엄Benjamin Graham도 80%는 ETFExchange-traded Fund에 투자하고 20%만 스스로 공부한 종목에 투자하라고 했어. ETF는 다양한 종류의 주식을 하나에 모아 놓은 것인데 위험을 분산시키기에 최적화된 상품이라고 볼 수 있어. 미국 나스닥의 우량 성장주를 모아 놓은 QQQ라든지, S&P 500과 같은 지수를 추종하는 SPY나 VOO 같은 상품들이 있어. 아빠는 안전하게 지수를 추종하는 ETF를 85%로 하고, 나머지 15%를 스스로 공부한 종목으로 20개 정도 가져가려고 노력하고 있어.

직접 공부를 하여 개별 종목을 고르는 방법 중의 하나로 톱다운 top-down 방식과 보텀업bottom-up 방식이 있어. 톱다운 방식은 산업 섹터에 대한 전반적인 이해를 하며 접근하는 방식이고, 보텀업 방식은 산업과 상관없이 주변에서 본인이 좋아하는 회사를 하나하나 골라서 투자하는 방식을 말해.

아빠는 톱다운 방식이 좋다고 생각하는데, 여러 산업 섹터의 산업 리포트를 읽어 보고 최소한 5년 이상 장기적인 전망이 좋은 섹터에서 가장 경쟁력이 좋은 1등 종목을 골라내는 거야. 그 섹터에서 가장 좋은 주식을 대장주라고 부르기도 하는데, 향후 최소 5년 동안 그 섹터에서 독점적 지위를 유지하며 경쟁에서 밀리지 않으며 잘 성장하는 기업을 말해. 대장주를 고르면 위험도가 낮아지면서 안정적인 투자를 할 수 있게 되는 장점이 있어.

물론 성장 전략을 가져가며 투자를 하는 경우에는 짧은 기간 안에 그 섹터에서 1위로 등극할 수 있는 빠르게 성장하는 기업에 투자할 수도 있어. 대표적인 예로 테슬라같이 1세대 전기차들 사이에서 자율주행을 탑재하여 2세대 전기차를 이끌며 전기차 기업들 중 1위로 올라선 기업을 들 수 있어.

레버리지 투자

절대로 빚내서
투자하지 마라

적은 돈으로 큰 효과를 내기 위해서 빚을 내서 투자하는 것을 레버리지 투자라고 해. 빚을 지렛대(레버리지)로 이용하여 크게 투자하는 것이야. 이렇게 빚을 내서 하는 레버리지 투자는 부동산같이 큰 변동성 없이 장기적으로 흔들리지 않고 가져갈 수 있는 자산에는 효과적인 면이 있어. 또는 창업을 하거나 회사를 경영하는 경우에는 전문가들이 채권처럼 빚을 내서 투자금을 유치하기도 해.

하지만 개인 투자자들이 주식과 같이 변동성이 심하고 언제든지 투자금을 빼기 쉬운 투자에 레버리지로 하는 것은 위험 부담이 너무 커. 부동산처럼 담보가 없는 빚은 높은 이자율에 상환 기간이 정해져 있기 때문에 빚을 갚기 위해 주식을 팔아야 하는 경우가 있어. 주식이 조정을 받으면 오랫동안 기다려야 하는데, 주가가 많이 떨어졌을 때 회복되기 이전에 주식을 팔면 손해를 입게 돼.

거래 회사별로 다르겠지만 거래증권사에서 가지고 있는 주식을 담보로 돈을 빌려 투자하는 마진 투자를 하는 경우도 있어. 그런데 이것은 하지 말라고 말하고 싶어. 가지고 있는 주식의 40% 마진으로 돈을 빌린 경우 주가가 60% 이상 떨어지면 증권회사에서 강제로 청산시켜 돈을 갚게 하는 마진콜(또는 반대매매)을 당할 수 있게 돼. 기다리면 다시 회복될 수도 있는데, 큰 손해를 입고 강제로 팔게 되는 상황이 오고, 다시 살 수 없게 되지.

빌 황의 아르케고스 사태처럼 2021년에 성장주들의 변동성이 커지면서 미국의 많은 헤지펀드가 마진콜을 당해서 수조 원에서 수백조 원까지 손해를 보는 상황이 되었어. 2022년 초에도 나스닥 시장이 무너지면서 많은 성장 주식이 70~80%까지 떨어졌는데, 헤지펀드를 포함한 많은 개인이 마진콜을 당해서 버티지 못하고 손해를 많이 입었어. 전문적인 헤지펀드도 예상하기 힘든 장에서 개인이 마진을 써 가면서까지 투자하는 것은 정말 위험한 일이야.

2~3배의 수익을 가져다준다는 TQQQ, SOXL, FNGU, BULZ, QLD 같은 외국의 ETF에 투자하는 경우도 있는데, 이 또한 방향성을 예측하고 베팅하는 도박과 같은 거야. 한쪽 방향으로 단기간에 무조건 올라간다고 생각하고 베팅하듯이 위험을 2~3배로 올리는 거거든. 위험을 줄이기 위해 지수 추종 ETF를 하는데 굳이 그 위험을 2~3배 더 올려서 돈을 잃을 확률을 올릴 필요는 없는 거지.

이러한 ETF에 투자할 때에는 많은 돈을 몰빵하는 경우가 많아. 시장이 아주 좋을 때는 수익을 많이 내기도 하지만, 시장이 장기적인 조정을 받거나 폭락이 올 때는 2022년 5월처럼 많게는 80%까지 폭락을 가져와서 물질적·정신적으로 큰 피해를 입게 될 거야. 게다가 SQQQ처럼 주식을 빌려 떨어지는 것에 베팅을 하는 공매도에 3배 이상 투자할 경우에는 조정이라 폭락을 예상한 장에 예상외로 상승장이 도래하면 원금 이상으로 큰 손해를 입게 될 수도 있어.

결론적으로 말하면 은퇴를 바라보고 안정적으로 투자하려는 장기 투자자에게 빚은 큰 부담이야. 물에 빠졌을 때 우리의 발목을 잡고 바닥으로 끌어내리는 올가미같이 느껴질 수 있어. 2~3배짜리 레버리지는 단기간에 우리를 더욱 빨리 망하게 하는 검은 유혹의 함정이 될 수 있으니 조심해야 해.

시장 예측

예측하는 사람은
모두 사기꾼이다

주식을 할 때 가장 조심해야 할 것은 시장을 예측하는 거야. 전설적인 투자 대가들이 하는 말은 믿고 따르는 게 좋아. 워런 버핏은 예측보다는 대응하라고 하였고, 피터 린치도 금리를 예측하려고 하지 말고 차라리 역사 공부를 하라고 했어.

많은 경제 미디어와 유튜브에서 시장에 조정이 온다, 폭락이 온다며 부정적인 예측을 하는데 단기적인 예측이 불가능하다는 것을 알면서도 의미 없이 맞추려고 노력하는 거야. 주식과 채권을 포함한 다양한 투자 시장의 방향은 그 누구도 맞출 수 없고, 몇 번 맞춘다고 해도 한 번만 틀리면 베팅한 모든 투자금을 한 번에 잃어버릴 수도 있기 때문에 예측하고 베팅하는 것은 적극적으로 말리고 싶어.

이런 예측은 부정적인 자들의 부정적인 시각에서 오는 경향이 많아. 주가가 떨어지는 것에 베팅하여 주식을 모두 팔거나 더 나아가 공매도를 하게 되지. 전문가나 유명 유튜버는 시장에 조정이나 폭락이 오는 조짐이 보일 경우, 폭락이 온다는 전문가의 의견을 인용하면서 불안감을 조정하는 경우가 많아. 이런 경우 당장은 조정이 안 오고 수개월 있다가 또는 1~2년 후에 온다고 해도 마치 맞춘 것처럼 보이지만, 시장의 조정은 1년에 한두 번은 꼭 오는 것이라 맞췄다고 볼 수 없어.

물론 주장했던 조정이나 폭락의 이유와 상관없이 다른 이유로 떨어졌는데도 맞춘 것 같아 보이기도 해. 괜히 그런 말을 믿고 주식을 팔면 그 사이에 왔던 상승장에서 열매를 딸 수 있는 모든 기회가 사라져 버리고, 언제 다시 사야 할지도 막막하게 되며, 막상 조정이나 폭락장이 오면 겁이 나서 못 사게 되지.

우물쭈물하는 사이에, 어느 순간 회사의 실적이 잘 나오거나 호재가 나와 버리면 주가가 날아가 버려서 다시 그 주식을 살 수 없는 상황에 처하기도 해. 날아가 버린 주식은 다시 잡을 수 없는 새와 같다고 볼 수 있어. 그러다 보면 항상 부정적인 생각이 사로잡아 주식을 팔기만 하고 결국 같은 주식을 다시 사지는 못하고 큰 손해를 입고 결국 주식 시장을 떠나게 될 거야.

확실하게 예상할 수 있는 것은 좋은 주식은 망하지 않고 장기적으로 우상향하여 우리가 은퇴할 때까지는 주가가 올라가 있을 거라는 거야. 주가는 회사의 펀더멘털에 따라 회사의 실적이 잘 나오면 올라가게 돼 있고, 순간순간마다 시장의 영향권하에 놓여 조정을 받기도 하지만 결국엔 다시 올라가게 돼 있어. 따라서 조정이나 폭락의 시기에 흔들리지 않길 바라. 긍정적인 사고와 태도를 유지하며 주식을 계속해서 가지고 간다면 결국에는 큰돈이 되지만, 부정적인 사고와 태도는 주식을 자꾸 팔게 만들어서 돈을 잃게 만든다는 것을 기억해.

그런 의미에서는 뒤에서 설명하겠지만 적립식 투자 방식DCA: Dollar Cost Averaging이 가장 적합할 수 있어. 월급을 받는 상황이라면 월급이 들어올 때마다 정해 놓은 주식을 계속해서 사는 거지. 아니면 투자금을 12, 24, 36, 48, 50으로 나누어서 매달 일정 날짜에 계속 살 수도 있어. 결국 은퇴할 때 돌아보면 조정기에 쌀 때 산 것과 호황기에 비싸게 산 것이 평균을 이루어 적정 가격에 산 게 돼. 단기적인 주가의 흐름에 심리적인 영향을 받지 않으면서, 결국에는 복리 효과로 투자금이 크게 불어나게 돼.

원칙

원칙을 실천하려고
노력해라

투자에서 잊지 말아야 할 가장 중요한 원칙은 원칙을 실천하려고 노력하는 일이야. 우리는 옛날부터 철학자들, 학자들, 성공한 사람들의 지혜를 책을 통해 많이 접했어. 그들은 살아가는 동안 끊임없이 진리를 찾으려고 노력했고, 그것들을 책을 통해 우리에게 전해 주려고 노력했어.

워런 버핏의 친구이자 동업자인 찰리 멍거Charles Munger도, 빌 게이츠Bill Gates도 책을 읽는 열정을 강조했던 것만큼 책에는 정말 많은 것이 담겨 있어. 투자의 대가들도 스스로의 노하우와 자신들이 실패했던 경험담을 통해 우리에게 지혜를 나누고자 했지. 아빠도 지금 이렇게 책을 통해 지난 20여 년간 투자한 것들을 너와 나누고 싶어 하는 것처럼 책을 쓴 많은 저자는 그들이 찾은 진리를 나누며 기쁨을 찾으려고 했어. 나이든 꼰대들의 얘기를 듣기 싫을 때가 많지만, 주식 대가 꼰대들이 하지 말라고 하는 것만 안 해도 우리는 투자에서 성공할 수 있단다.

하지만 더욱 중요한 것은 이렇게 배운 삶의 지혜들을 우리가 실천하며 지켜 나가지 못한다는 거야. 세상에 실패하는 사람이 많은 데 비해 성공하는 사람이 적은 것은 그 이유 때문일 거야. 원칙을 지켜 나간다는 것은 굉장한 인내와 노력이 필요해. 세상은 살아가면서 그 원칙을 깨도록 계속해서 유혹을 해. 나라별·문화별로 자기가 속한 조그만 공동체 속에서 사람들은 새로운 규범과 원칙들을 만들어 내서 우리가 따르도록 강요하지.

아니면 요즘 유행하는 포모 상태가 되어 대다수가 따르는 흐름에 뒤처질까 두려워 어쩔 수 없이 따라가기도 해. 이러한 원칙을 깨는 데는 개인의 마음속에 자리 잡은 본능적인 욕심이 큰 역할을 하기도 해. 무리하게 큰 수익을 내고자 하는 욕심이 사람의 마음을 성급하게 만들 때가 많고, 위험도를 높이는 투자를 하게끔 해.

주식을 포함한 투자는 인생과 많이 닮았어. 종교나 철학에서 나온 많은 좋은 원칙이 삶에서 깨지는 것이 당연시되는 것처럼 대가들의 중요한 주식 원칙들도 깨지는 것을 모두가 당연시 여기고 있어. 워런 버핏이 2022년 미국의 주식 시장이 도박판처럼 바뀌었다고 말한 것은 원칙들이 많이 깨진 현상을 보여 주는 것이기도 해. 남들도 하니까 어쩔 수 없었다고 실수를 변명하며 넘길 수도 있지만, 원칙이 깨지는 순간 돌이킬 수 없는 결과를 낳기도 한다는 것을 기억해야 해.

투자의 원칙이 깨지면 일시적으로 수익이 날 수는 있겠지만, 한 번의 실수로 건너올 수 없는 강을 건너기도 해. 특히 손해를 회복할 수 있는 시간이 거의 없는 노년에는 한 번의 실수로 삶에 대한 희망의 빛이 모두 사라져 버릴 수도 있어. 위험도를 높여 큰 수익을 얻을 수도 있겠지만, 그 반대편에는 회복할 수 없는 나락이 기다리기도 해.

아빠는 네가 지금까지 가르쳐 준 투자의 원칙들을 잘 지켜서 힘든 시기가 오더라도 원칙대로 실천하면서 잘 버텨 나가길 바라. 가끔은 어둡고 불확실해 보이더라도 이러한 원칙들이 너의 길에 든든한 난간이 되어 주고, 너의 장기적인 목적이 너에게 끊임없이 빛을 비추어 인도해 주리라 믿어.

딸아
주식공부 하자

3

적절한 전략은 필수다

"

원칙이 은퇴할 때까지 가져야 할 기본적인 신념이라면, 전략은 매해마다 또는 분기별로 돈을 운용하는 방식이라고 볼 수 있어. 전략을 상황에 맞게 잘 짜서 자산을 운용하다 보면 융통성 있게 위기 상황에서도 적절한 대응을 할 수 있어.

주식 시장이라는 위험한 전쟁터에 전략 없이 뛰어든다면 아무리 무기와 총알이 많더라도 총알받이가 되며 전쟁에서 패배할 확률이 높아져. 『삼국지』, 『손자병법』에서 나오듯 실제 전쟁에서도 적은 병력으로 좋은 전략을 써서 이긴 경우가 많듯이, 적은 돈으로도 적적할 전략을 쓰면 짧은 시간 안에 손해를 줄이면서 수익을 크게 낼 수 있어.

주식 투자에는 기본적으로 4가지 전략이 있는데 가치투자, 성장투자, 모멘텀 투자 그리고 적립식 투자 전략이야. 한 가지 투자 전략만 고집할 필요는 없고, 4가지 전략을 상황에 맞게 적절히 혼용해서 쓰면 유연성 있게 효율성을 극대화하며 안정성 또한 달성할 수 있어.

"

주식 시장이
우상향할 때 좋다

적립식 투자는 주식 시장의 변동성의 영향을 최소화하기 위한 전략이야. DCA^{Dollar Cost Averaging}라고 부르는데 1달러당 비용으로 평균을 내면 비슷해진다는 개념이야. 원래는 전체 투자 금액을 12, 24, 36, 48, 50, 62번 등 일정한 기간으로 나눈 후에 매달 또는 2주에 한 번 정기적으로 주식을 사는 것을 의미해. 미국에서는 월급이 나올 때마다 10%나 5%씩 떼어내서 401K 등을 통해 퇴직연금에 정기적으로 투자를 하는데 이 또한 적립식 투자의 일종이야.

아빠도 퇴직연금403D을 통해 2008년부터 지금까지 적립식 투자를 해 왔단다. 어느 펀드나 ETF로 들어가게끔 설정해 주면, 월급이 나올 때마다 자동으로 그 펀드로 돈이 들어가기 때문에 따로 신경 쓸 필요가 없어서 본업에 충실할 수 있는 장점이 있어. 월급이 들어오면 자동으로 주식에 투자하게 되니 주식이 비쌀 때는 비싸게 사고 주식이 쌀 때는 싸게 사게 되는 거지.

이런 식으로 하면 은퇴할 때는 평균적으로 모두 적절한 가격에 사게 되는 결과가 나와. 아빠도 이처럼 편하게 운영을 해서 그런지, 주식 시장에 크게 관심을 갖지 않고 스트레스를 받지 않았는데도 세월이 지나니 큰돈이 모이게 되었어. 2008년부터 2022년까지 지난 14년간 3년 정도는 손해가 났지만, 평균적으로 보면 매년 10% 정도의 수익이 났어. 1%도 안 되는 은행이자에 비하면 큰 수익이고 7년에 2배씩 수익을 얻게 된 거야. 몇몇 회사가 망할 수 있는 것도 고려해서 위험성이 가장 낮은 International Equity Index Fund나 S&P 500 같은 우량주들을 추종하는 수동적 ETF에 투자하는 게 이 투자 방식에 가장 적합해.

적립식 투자 방식은 시장의 변동성을 고려하지 않고 스트레스 없이 편안하게 투자할 수 있다는 장점이 있어. 큰 금액을 나누어서 투자하기 때문에 실수하더라도 만회할 수 있는 여유가 있어. 주식 투자를 처음 시작하면 공부가 덜 된 상태에서 무턱대고 주식을 먼저 사는 것보다는, 심리적으로 단련되는 기간이 필요하기 때문에 이 방법이 가장 적합한 투자 방식일 거야.

적립식 투자 방식은 주식 시장이 계속해서 우상향하는 경우에 특히 좋아. 2009~18년처럼 주식 시장이 대체로 우상향한 경우에는 수익이 잘 날 수 있어. 하지만 박스권에 갇히고 순환하는 시장에서는 큰 수익이 나기 힘들고, 일본처럼 전반적으로 우하향하는 시장에서는 불리할 수 있어. 미국 시장은 401K 등 지속적으로 투자금의 유입이 전반적으로 우상향한다고 가정하기 때문에 이 방법이 적합하지만 일본과 같은 아시아 시장에서는 잘 안 통할 수가 있어.

적립식 투자는 변동성이 높은 조정 장세에서 가장 빛을 낼 수 있어. 지수가 10% 이상 떨어지는 조정장이나 20% 이상 떨어지는 베어마켓bear market에서는 주가가 계속 떨어질 수 있는 공포가 있기 때문에 선뜻 주식을 사기가 쉽지 않아. 바닥이 어딘지 모르는 상태에서 주식을 살 때는 사자의 심장이 필요하다고도 하지. 하지만 조정장에서 싸게 주식을 잘 사는 것이 나중에 큰 수익을 내고 부자가 될 확률이 높은 것도 사실이야.

조정장에서 너무 공포에 휩싸여 주식을 팔거나 기다리는 것보다는 주식의 밸류에이션이 많이 낮아졌다면 적극적으로 매수하는 것이 좋아. 소위 물타기를 하며 분할 매수를 통해서 조금씩 사 두는 것이 바람직하다고 할 수 있어.

적립식 투자 방식은 분할 매수의 일환이라고 볼 수 있어. 조정기에도 월급이 들어오는 대로, 혹은 분할해 놓은 일정 금액을 기간을 두고 적극적으로 매수하는 거야. 심리에 흔들리지 않고 이성적으로 투자할 수 있도록 기계적으로 사게 만들어 주는 장치가 적립식 투자 방식의 핵심이야.

가치투자

주식은
무조건 싸게 사라

가치투자 전략이란 주식의 적정 가치나 자산 가치보다 싼 가격에 주식을 사는 것을 말해. 이처럼 가치투자를 하는 사람을 가치투자자라고 해. 이들은 최근의 코로나19 사태나 우크라이나 전쟁 등 나쁜 소식으로 시장이 폭락한 경우나, 경기 부양책 같은 좋은 소식에 주가가 크게 오르는 경우에는 주가가 회사의 펀더멘털을 반영하는 적정 주가에서 멀어졌다고 생각하고, 저평가되어 있다고 믿을 때 주식을 사고 투자를 결정해.

앙드레 코스톨라니Andre Kostolany의 책 『돈, 뜨겁게 사랑하고 차갑게 다루어라』에 주식을 개와 주인의 관계에 비유한 이야기가 나와. 산책을 나간 개가 주인에게서 멀어졌다가도 결국 집에 돌아갈 때는 주인에게 돌아오듯이, 주가도 결국 장기적으로 회사의 펀더멘털에 가깝게 움직인다는 거야.

회사의 적정주가보다 떨어진 주가와의 차이를 안전 마진margin of

safety이라고 불러. 이는 증권회사에서 돈을 빌려 투자하는 마진 투자와는 다른 개념이야. 돈을 적게 빌려서 마진콜을 피하려고 한다고 해서 안전하게 마진을 빌린다는 말을 안전 마진이라고 잘못 부르는 경우가 있는데 완전히 다른 의미야. 안전한 마진이라는 것은 없으며 사용해서는 안 되는 거야. 안전 마진은 주가의 저평가 상황에서 투자를 하는 거야.

가치투자자들은 안전 마진이 큰 상황을 주식의 할인이라고 생각하고 저가에 매수를 해. 이렇게 투자하면 주식의 적정주가 계산에 오류가 있어 주가가 떨어지더라도 큰 손해를 보지 않고, 회사가 계속 성장하면서 주가가 올라가 더 큰 수익을 기대할 수 있게 돼.

이는 주식을 쇼핑하듯이 한다고 생각할 수 있어. 백화점에서 제가격을 주고 비싼 옷을 사는 사람은 많이 없어. 특히 소비보다는 투자를 하는 습관이 들었다면 비싼 옷을 정가에 사려고 하지는 않을 거야. 백화점에서 세일을 하는 기간까지 기다렸다가 평소에 필요했던 옷을 구매하거나, 아울렛에서 조금 싸게 구매하면서 절약하려고 하겠지. 할인된 가격의 옷을 사면 안전 마진 상황처럼 정가를 주고 샀을 때 다른 매장보다 비싸게 사거나 바로 철이 지나 세일 기간에 들어가 가격이 떨어지는 경우에도 대비할 수 있게 해 주지.

주식 투자도 비슷해. 가치투자는 평소에 여유자금을 준비해 놓고 공부하면서 갖고 싶던 주식을 시장이 안 좋은 영향권 아래 들어가 가격이 싸질 때 사는 것이야. 워런 버핏이나 그의 스승이었던 벤저민 그레이엄은 대표적인 가치투자자라고 할 수 있어. 워런 버핏은 투자할 수 있는 현금을 항상 준비해 놓으라고 했어. 앞에서 말한 원칙 중에 자산 배분을 잘 실천하고 있으면 시장에 악재가 있거나 미디어가 전하는 나쁜 소식에 심리가 흔들리지 않고 크게 반응해서 주가가 떨어졌을 때 싸게 살 수 있을 거야.

DCF^{Discounted Cash Flow}는 '예상되는' 미래 현금흐름에 기초하여 투자의 현재가치를 추정하는 데 쓰는 밸류에이션 방법이다. 다시 말해 미래에 얼마나 돈을 벌 수 있을지를 예측하여 현재 투자의 가치를 파악하려고 하는 것이다. 한 회사에 대한 투자 결정이나 M&A에 자주 사용되고, 예산과 운영 비용을 결정할 때 사용된다. 현재 투자한 가치보다 DCF를 이용한 적정가치가 높으면 미래에 긍정적인 수익이 기대된다고 볼 수 있다. 또한 미래의 현금흐름은 자본 비용인 WACC^{Weighted Average Cost of Capital}를 사용하여 다음의 공식을 통해 현재가치로 계산된다.

$$DCF = CF1 / (1+r1) + CF2 / (1+r2) + CFn / (1+rn)$$

CF는 주어진 해의 현금흐름을 의미한다. CF1은 첫해, CF2는 둘째 해, CFn은 추가적인 연도를 말한다. R는 할인율을 말한다. 예를 들면 1년에 100달러씩 3년을 버는데 할인율이 10%이면 100 / (1+0.1) + 90.91 / (1+0.1) + 82.64 / (1+0.1) = 248.68달러가 나온다. 총 300달러를 벌었지만 DCF 적정주가는

248.68달러가 나오고, 주가가 200달러여서 초기 투자 비용이 200달러면 48.68 달러를 벌 수 있는 가능성(안전 마진)이 생긴다.

현재가치는 미래가치보다 높기 때문에 WACC의 할인율이 적용된다. 현재의 95달러는 5%의 할인율을 적용하면 1년 후의 100달러의 가치와 같다는 개념이다. 따라서 최근처럼 이자율이 상승하는 시기에는 할인율이 올라가기 때문에 적정주가가 동시에 떨어진다.

인터넷에서 DCF 계산기나 AlphaSpread.com처럼 DCF를 구해 주는 웹사이트를 쉽게 찾을 수 있으며, WACC과 회사명을 구글에 치면 할인률도 쉽게 찾을 수 있다. 하지만 DCF를 이용한 적정주가는 투자의 미래가치를 정확하게 파악하는 것이 중요하다. 미래의 현금흐름은 시장의 수요, 경제 상황, 기술, 경쟁과 다양한 기회와 위협 등 모든 것을 고려하여 결정하여야 한다.

또한 WACC의 적절한 할인율을 파악해야 한다. 이 할인율은 전체 시장 상황뿐 아니라 회사의 성공 실패 위험까지도 고려해야 한다. 따라서 아주 복잡한 사업 구조와 미래 현금흐름을 가진 기업이나 위험도를 파악하기 힘든 기업의 경우에는 적절한 가치 평가 수단이 아니며, 다른 비교 가능한 밸류에이션 방법을 함께 써야 한다.

NPV^{Net Present Value}는 DCF보다 한 단계 앞서서 순수한 현재가치만을 계산한다. 투자에서 발생하는 선행^{Upfront} 투자 비용을 추가적으로 빼면 된다. 앞의 예에서 248.68달러에서 선행 비용으로 100달러를 사용하였다면 148.68달러가 NPV이다.

2022년 현재 테슬라의 적정주가를 DCF로 계산해 보자.

매출 1,130억 달러(2023년, 영업 마진 20.77%), 1,710억 달러(2024년, 영업 마진 21.35%), 1,790억 달러(2025년, 영업 마진 21.28), 2,210억 달러(2026년, 영업 마진 20.65%), 2,580억 달러(2027년, 영업 마진 20.02%), 2,830억 달러(2028년, 영업 마

진 19.39%)로 계산하면 FCFF**Free Cash Flow To Firm**는 220억 달러(2023년), 340억 달러(2024년), 330억 달러(2025년), 380억 달러(2026년), 410억 달러(2027년), 410억 달러(2028년)가 나온다.

여기에 8.23%의 WACC 할인율을 적용하면 현재가치가 210억 달러(2023년), 290억 달러(2024년), 260억 달러(2025년), 280억 달러(2026년), 280억 달러(2027년), 3,390억 달러(2028년)가 나온다. 이를 합한 4,710억을 총 발행된 주식 10억 주로 나누면 471달러의 적정주가가 나온다. 2022년 5월 13일 현재 728달러인 것을 감안하면 고평가되었음을 알 수 있다.

하지만 이는 현재 상하이 공장의 2배 증축과 최근에 가동을 시작한 텍사스와 베를린 공장의 매출을 감안하지 않았다. 또 할인율을 8.23%나 적용했기 때문에 심한 오차 범위가 존재하고, 현재 유명 애널리스트들의 1,100~1,500달러까지의 목표주가에도 부합하지 않는다.

　가치투자자들이 기준으로 삼는 회사의 펀더멘털에 기초한 절대적 적정가치와 다른 회사와 비교 가능한 상대적 수치들을 계산해 내는 과정을 벨류에이션이라고 해. 벨류에이션을 하는 방법은 회사의 매출, 수익, 현금흐름과 자산 가치 등을 이용해서 할 수 있어. 회계학·금융학을 공부하면 쉽게 할 수 있는데, 요즘은 책이나 유튜브를 통해서도 어렵지 않게 배울 수 있어.

　이러한 수치들은 구글 파이낸스, 야후 파이낸스를 포함해서 거의 모든 증권회사에서 투자자들을 위해 미리 계산해서 제공해 주니까 쉽게 찾을 수 있을 거야. 물론 적정주가나 목표주가는 계산을 하는 애널리스트나 전문가의 '주관적인' 프리미엄이 포함되어 계산되기 때문에 '신뢰할 수 있는' 전문 애널리스트의 계산을 믿는 것이 좋아.

이렇게 벨류에이션을 해 봐서 동종 업계의 평균이나 다른 비슷한 기업보다 더 떨어지거나, 절대적인 적정주가나 목표주가를 계산해서 그보다 더 떨어지면 주식을 구매하는 거야. 벨류에이션은 DCF같이 절대로 하나의 지표만 의존하지 말고, 비교 가능한 수치를 포함해 전체적·종합적으로 봐야 해. 이왕이면 모든 면에서 좋은 수치를 보이는 회사가 장기적으로 오래 살아남아 성장할 수 있어.

상대적 벨류에이션

상대적 벨류에이션은 P/B^{Price-to-book}, P/E^{Price-to-Earnings}, P/S^{Price-to-Sales}, EV/EBITDA^{Enterprise Value/Earnings Before Interest, Taxes, Depreciation, and Amortization}를 사용하는데 이들을 멀티플^{multiples}이라고 부른다. 그 밖에 EV/EBITDA, EV/EBIT, ROE^{Return On Investment} 등 회사의 가치와 성장을 보여 주는 다양한 지표를 참고하여 투자하기도 한다.

P/B
회사의 시가총액(주가×총 주식 발행 수)을 회사의 총 자산 가치로 나눈 것이다. 회사의 주가가 자산 가치보다 낮게 책정되어 있다고 생각되면 저평가되어 있다고 본다. 전통적인 가치주에서는 회사가 곤경에 처하지 않고, 파산 전에 자산을 팔아 채무를 해결할 수 있다는 것을 보여 준다.

P/E

보통 퍼PER라고도 부르는데 1달러당 주가가 얼마가 형성되어 있나를 보아서 동종 업계의 다른 주식들과 비교해서 싼지, 비싼지를 알 수 있다. P는 회사의 시가총액을 그해 회사의 순수익으로 나눈 것이다. 퍼가 20이면 회사의 수익이 현재의 주가에 도달하는 데 20년이 걸린다는 의미이다. 투자자들이 가장 많이 보는 것이다.

성장주들이 퍼를 20 가져가면 적절하다고 보지만 가치주들이 20을 가져가면 고평가되어 있다고 본다. 상대적인 개념으로 성장주들은 빨리 성장하므로 20년까지 기다리지 않아도 시가총액을 더 빠른 속도로 달성할 수 있을 거라고 본다.

2022년 4월 현재 테슬라의 P/E는 207.71이라서 높아 보이지만 매년 40% 이상의 매출 성장을 보여 주기 때문에 2025년경에는 P/E가 25 정도로 낮아질 것으로 보기도 한다. 따라서 빠르게 성장하는 기업의 높은 P/E가 적절하다고 생각하고 이보다 많이 낮아지면 구매할 수 있다.

EV/EBITDA

EV는 P/E의 시가총액 대신에 시가총액에 회사의 빚을 더하고 총 회사의 현금을 뺀 후에 계산하는 것이다. P/E의 순수익 대신에 EBITDA로 나누어 계산하기도 한다. EBITDA는 이자와 세금, 감가삼각비와 자산 가치 상승분을 빼고 계산하는 것이다. 이러한 부수적인 것들이 회사의 벨류에이션을 하는 데 도움이 안 된다고 생각하는 사람들도 있고, 중요하게 생각하는 투자자들도 있다. EV/EBIT의 EBIT^{Earnings Before Interest and Taxes}는 순수익에 이자와 세금은 빼고 생각한다.

ROE

투자 금액에 대비해서 수익이 얼마나 나오는가를 보아서 회사가 잘 경영되고 있는가를 보는 것이다.

기타

DDM$^{\text{Dividnet Discount Model}}$과 FCF$^{\text{Free Cash Flow}}$ 모델을 사용하여 FCFE$^{\text{Free Cash Flow to Equity}}$나 FCFF$^{\text{Free Cash Flow to Firm}}$를 계산한다. 배당을 주는 회사는 DDM을 고려해야 한다. 현금흐름을 중요시하면 잉여현금흐름$^{\text{Free Cash Flow}}$을 보고 회사에 투자하는 것이 좋다. 회사의 운영 비용이나 장비와 같은 장기적인 자산 투자 비용을 뺀 후에 남는 현금의 흐름이 좋은 회사에 투자하는 것도 가치투자의 한 방법이다. 현금흐름이 좋은 회사는 파산할 위험이 적고 주주들에게 배당금을 주거나 자사주를 다시 사서 주가를 올려주기도 한다.

 상대적 밸류에이션을 이용한 적정주가 계산법

간단하게 적정주가를 계산할 때는 주당순이익^{EPS}이나 주당매출$^{\text{Revenue Per Share}}$에 이 기업이 속한 산업의 평균 멀티플$^{\text{P/E, P/S}}$을 곱하여 산출한다. 보통 5, 15, 20 등을 주는데, 성장주인 경우에는 20 이상을 주기도 한다.

하지만 간단한 만큼 미래의 경쟁성이나 수익률 증가 등을 고려하지 않기 때문에 틀릴 위험도가 높다. 예를 들면 한 기업의 지난 12개월간$^{\text{TTM: Trailing 12 months}}$ 주당순이익이 10달러인데 동종 업계의 P/E가 20인 경우에는 200(10달러×20)달러의 적정주가가 형성된다.

이 방법은 동종 업계의 비슷한 기업이 같은 매출과 수익을 낸다면 같은 가치를 가져야 한다는 것을 가정한다. 하지만 이 기업의 성장이 굉장히 빠르고 수익률이 좋아지는 경우에는 동종 업계의 평균을 사용하면 지나치게 낮게 적정가치가 형성되어 주가가 낮음에도 불구하고 투자 기회를 놓치기도 한다.

따라서 멀티플은 산업평균 대신에 그 기업 고유의 ROE를 참고하기도 한다. 예를 들면 2022년 현재 테슬라의 2022년 EPS가 12.53달러이고 ROE가 29.44이면 12.53달러×29.44로 368.88달러의 적정주가가 계산된다. 2023년도 예상 주당 순이익 15.86달러에 ROE 29.44를 곱하면 466.91달러로 조금 더 높게 나온다. 이 기준으로라면 2022년 5월 13일 현재 테슬라의 주가 728달러는 고평가된 것으로 볼 수 있다.

전통적인 콴트 투자자들이 이 방법을 쓰면 테슬라는 살 수 없게 된다. 현재 주가가 1,100달러 안팎까지 올라갔는데 불안한 시장에서는 730달러로 떨어져 있기 때문에 이 방법이 적절치 않다는 것을 알 수 있다.

가치투자자는 회사에 대한 공부를 굉장히 많이 해야 하고, 회사의 중요한 변화나 흐름을 민감하게 살펴보면서 장기적으로 어떤 영향을 미칠지를 파악해야 해. 또한 내부자들이 주식을 파는지, 적정주가나 목표주가보다 주가가 더 올라갔는지, 시장이 너무 과열되었는지에 따라 적절하게 수익 실현을 해서 다음 투자 기회를 엿봐. 가치투자자는 장기 투자자이고 공포와 탐욕에 흔들리지 않고, 감정적이고 심리적으로 움직이는 시장에도 굳건하게, 회사의 펀더멘털을 믿고 가.

성장투자
잠재력이 강한 회사에
투자해라

돈을 잃지 않고 장기적으로 안정적인 수익을 얻고 싶다면 기본적으로 가치투자를 하거나 적립식 투자를 하기 바라. 하지만 조금 더 큰 수익을 내고 싶다면 성장투자 전략을 함께 가져갈 수도 있어. 하지만 장기적으로는 성장에 실패하는 기업들이 나오기 때문에 돈을 잃을 위험성이 더 크다는 것도 알았으면 해.

따라서 성장투자는 가치투자와 융합하여 사용하는 것이 좋아. 전설적인 대가 피터 린치는 대표적인 성장투자자야. 피터 린치의 융합 전략을 GARP^{Growth At a Reasonable Price} 전략이라고도 불러.

성장투자는 이제 갓 상장하거나 상장할 예정인 잠재력이 강한 회사에 투자하는 거야. 같은 분야의 성장이 둔화된 큰 회사에 비해 평균 이상의 수익 성장이 기대되는 기업들에 투자하는 거지. 회사가 성공한다면 크게 수익을 낼 수 있는 가능성이 있지만 그만큼 위험도도 높아. 가치투자와는 다르게 회사의 내재적 가치보다 고평가되어 있을 가능성이 커.

최근의 성장투자자들은 4차 산업혁명과 관련된 신기술에 투자하는 경향이 있고, 빠른 성장과 함께 주가의 빠른 상승에 의한 주가 차익을 노리는 투자를 해. 대부분의 성장 기업은 배당을 주기보다는 수익을 재투자하고 유무상증자나 채권을 많이 발행하는 경향이 있어.

대부분의 성장주는 현재 P/E나 P/S가 굉장히 높지만 해가 갈수록 줄어드는 편이야. 예를 들면 현재 P/E는 100이지만 몇 년이 지나면 고성장으로 P/E가 20 밑으로 떨어질 것으로 전망돼. 따라서 현재의 높은 P/E를 안고 투자를 하는데 그만큼 성장이 둔화되면 주가가 크게 하락할 위험이 있어. 또한 현재는 수익이 나지 않는 기업이 많아서 주당순이익인 P/E가 계산되지 않는 경우가 많아. 특허와 기술력은 있는데 단기적으로는 R&D 비용과 생산 시설 확충 등 다양하게 돈을 많이 지출해야 하는 기업이 대부분이지.

새로운 성장 기업을 고를 때는 가치투자자들처럼 많은 공부가 필요해. 성장 기업들은 미디어에 노출이 안 된 경우가 많기 때문에 직접 방문하거나 전화를 해서 정보를 알아내야 할 때가 많아. 그만큼 왜곡된 정보를 골라내기 힘들 수 있어. 중국이나 이스라엘의 기업들처럼 언어적 제한으로 정보 파악이 힘든 경우도 있고, 믿을 만한 정보 없이 무턱대고 투자했다가 큰 손해를 입기도 하지. 공매도를 주도하는 연구기관에서 나온 보고서로 인해 큰 타격을 입는 경우가 많은데, 아니다 싶을 때는 빨리 빠져나오는 게 좋아.

기본적으로는 분기별로 나오는 회사의 수익 발표를 보아야 해. 회사의 수익 마진을 확인해서 회사가 비용을 잘 줄여 나가는가도 보아야 해. 매출은 느는데 비용 절감을 하지 못한다면 회사의 성장은 제한되기 때문이야. ROE로 투자 금액에 비해 어느 정도의 수익을 창출하는가도 보아야 해. 매년 주가가 15% 이상의 성장을 거두어서 5년에 2배가 되거나, 20% 이상의 성장을 거두어서 3.5년에 2배가 될 수 있는 기업이 좋아.

그러려면 지난 3~5년간의 주가 흐름을 보며 모멘텀을 봐야 해. 모멘텀이 좋지 않은 주식은 기관과 개인 투자자들이 관심을 가지지 않는다는 설명이 가능하고, 실적이 아무리 좋아도 주가가 오르지 않는 경우도 있기 때문이야. 가치투자자들은 회사의 적정가치보다 싸게 사는 것을 중요시 여기는 데 비해 성장투자자들은 지금 당장 벨류에이션이 높은 것보다 앞으로의 성장 가능성을 더 중요시해. 따라서 성장투자자에게는 P/E보다는 PEG가 더 중요한 가치척도야. 하지만 성장주 투자를 할 때는 PEG가 동종 업계의 평균보다 내려가면 구매하는 전략은 피하는 것이 좋아.

대부분의 소형 성장주는 수익이 나지 않기 때문에 P/E 계산이 되지 않아. 그래서 P/S로 벨류에이션을 하게 돼. 시가총액을 매출액만으로 나누는 것인데 비용과 세금이자, 감가상각비 등을 고려하지 않고, 다른 성장 기업들과 비교하게 되지. 따라서 정확도가 낮고 위험 부담도 커.

 **PEG**

PEG는 P/E가 성장성을 고려하지 않아 다른 기업들과의 비교에 어려움을 줄 수 있기 때문에 P/E를 성장률로 나누어 밸류에이션을 책정하는 방식이다. 예를 들면 테슬라의 현재 P/E가 207.71로 나온 경우, 가치투자자(또는 퀀트 투자자)들은 너무 비싸다고 생각하고 P/E가 20 미만으로 떨어질 가능성이 있어서 웬만큼 싸지 않으면 사지 않는다. 하지만 207.71의 P/E를 테슬라의 매출 성장률인 40%로 나누면 5.19의 PEG가 계산된다. 동종 업계의 가치주인 GM은 P/E가 6인 데 비해 2.09씩 성장한다는 이유로 PEG가 2.86이 나온다. P/E만 놓고 두 회사를 비교하면 34.5배라는 큰 차이가 나지만, PEG로 계산하면 2배 정도의 차이만 난다. 여전히 비싸 보이긴 해도 지나치게 비싸다는 생각은 들지 않는다.

성장주들은 헤지펀드들의 공매도에 노출될 가능성도 커져. 주식시장은 많은 양의 주식을 취득하지 않는 이상 누가 어떤 주식을 샀는지 공개되지 않기 때문에 인간의 탐욕이 가장 잘 드러나는 곳이야. 위험이 큰 중소형 성장주에는 세력들이 양의 탈을 쓴 늑대처럼 숨어들어와서 주가 조작에 노출될 가능성이 높아. 이렇게 변동성이 심한 시장에 들어가면 세력들에게 희생양이 되어 먹잇감이 되기 쉬우니 조심해야 해.

주식 대량 취득 보고 의무

2022일 현재 한국에서는 5% 이상의 지분을 취득하는 경우나 그 이후 1% 이상의 지분 변동이 있는 경우, 금융위원회에 5영업일 안에 보고하게 되어 있다. 보통주, 우선주, 신주, 전환사채 등이 포함된다. 이사, 감사, 사실상 임원, 의결권 있는 발행 주식 총수의 10% 이상 주식을 소유한 자나 주요 경영 사항에 대하여 사실상 영향력을 행사하는 주주도 최초로 임원, 주요 주주가 된 날 혹은 변동이 있는 날부터 5영업일 이내에 보고하여야 한다.

미국에서도 5% 이상의 주식을 취득하는 경우, 13D나 13G에 따라 10일 안에 SEC에 보고하게 되어 있다. 미국 회사의 이사와 경영자들, 10% 이상 보유한 사람들을 인사이더라고 부르는데, 그들의 지분 거래는 2일 안에 보고하게 되어 있다. 인사이더들이 주식을 파는 것은 회사의 미래에 대한 불확실성을 보여 준다고 하여 부정적으로 해석하는 경우가 많다. 하지만 보통 4월에 있는 세금 보고 만료일에 맞추어 옵션으로 받은 주식을 팔아 세금을 내는 경우도 있다.

1억 달러 이상의 자산을 보유한 헤지펀드를 포함한 투자 기관들도 분기별로 자신들의 보유 주식과 지분을 13F를 통해 공개하게 되어 있다. 그런데 보통 45일 이상이 지난 후에 나오게 되어 시기적으로 의미가 없는 경우가 많고, 정확하게 보고했는지도 확인하지 않는다. 버나드 메이도프Bernard Madoff의 대형 폰지 사기도 13F 공지를 통해 발견하지 못했다. 따라서 13F공지를 보며 포모 상태가 되어 다른 투자 기관이 투자한 대로 따라 하다가 실패하는 경우도 비일비재하다.

모멘텀 투자
오른 놈이
계속 오른다?

오르는 주식은 계속 오르고 떨어지는 주식은 계속 떨어지기도 해. 이는 모멘텀을 나타내는 말이야. 모멘텀 투자 전략은 주식의 가격이 변화하는 속도를 보며, 짧게는 3개월에서 길게는 1년까지 주가 흐름이 좋은 주식에 투자를 하는 거야. 열기를 받기 시작하면서 차트상 골든 크로스(단기 이동평균선이 장기 이동평균선을 뚫고 올라오는 경우)가 일어날 때 주식을 사서, 다시 모멘텀이 꺾이기(데드 크로스가 일어날 때) 전에 주식을 팔아.

모멘텀이 얼마나 지속될지는 모르지만 좋은 모멘텀을 탄 주식은 한동안 가격과 거래량을 유지하면서 관성처럼 계속 오르는 경향이 있어. 강한 모멘텀을 가진 주식은 위로 치솟거나 아래로 급격히 떨어지는데 거래량과 기술적 지표들의 변화로 확인할 수 있어.

하지만 모멘텀 투자를 잘못 이해해서 13F 공지를 보고 헤지펀드들이 하는 투자를 따라 하거나, 게시판·카페·소셜 미디어·유튜브 등을 통해 밈meme 투자를 하거나, 포모 투자를 해서 우르르 몰려다니는 무리 전략herding strategy을 잘못 선택하기도 해. 이는 순전히 단기 투자이기 때문에 장기적인 미래의 가격 흐름을 보증하지는 않아.

이는 위험도가 아주 높아서 헤지펀드 같은 단기 투자자들이 사용하는 전략이야. 따라서 은퇴를 생각하며 장기로 투자하려는 사람들에게는 피하라고 말하고 싶어. 주식 가격은 심리를 반영하기 때문에 무턱대고 따라가다가 높은 가격인 고점에 물리고 모멘텀이 사라지면 상당히 오랜 기간 기다려야 하는 상황이 와서 조정 기간 동안 심리적으로 아주 고통스러워.

모멘텀 투자는 가격이 상승하는 좋은 흐름을 가진 주식을 사고, 가격이 하락하는 같은 섹터의 다른 주식에 공매도를 치면서 헤지를 하기도 해. 주식을 사는 것을 롱long, 주식을 빌려 파는 것을 쇼트short라고 하고, 롱 쇼트 전략long-short strategy이라고도 불러. 1등 주식과 2등 주식 간에 몇 대 몇으로 롱 쇼트를 하게 될지를 수학적으로 잘 계산해야 하는 어려움도 있어.

사기꾼 같은 유튜버가 사람들의 욕심을 불러일으키며 어설프게 따라 하다가 구독자들에게 큰 피해를 주는 사례가 종종 있어. 처음부터 배우지 말아야 하는데, 잘하지도 못하면서 이것을 모르면 초보라고 하면서 배우게 만들어서 많은 사람이 피해를 입곤 해.

이 방식은 차트를 보면서 기술 분석을 할 줄 알아야 하고, 24시간 시장을 관찰하며 시장 상황에 따라 순간순간 빠르게 매매를 해야 하는 전문 트레이더의 영역이야. 잠시만 한눈을 팔아도 매수한 주식이 떨어지고, 쇼트를 친 것이 올라가는 경우에는 2배로 손해를 보게 돼.

직업으로 하지 않는 이상 스트레스도 굉장히 많이 받고 피곤한 전략이니 어떤 것인지 알아는 두더라도 실행하지는 않기를 바라. 주식 투자와 관련된 모든 것을 알아야 고수가 되는 것도 아니고, 모르는 게 약이 될 때가 더 많아.

매수 매도 타이밍
위기가 기회다

　가치투자나 성장투자 전략을 펼치는 경우에는 사는 시점이 굉장히 중요해. 적정주가보다 싸게 사야 안전 마진이 생기는 것이고 실수로 고점에 물리는 실수를 하지 않게 돼. 가장 현명한 방법은 시장의 흐름을 읽고 시장에 공포가 팽배해져 주가가 많이 떨어졌을 때 좋은 회사의 주식을 사는 것이야.

　유명한 투자가 템플턴도 공포에 사라고 말한 적이 있고, 피터 린치는 칵테일파티 이론을 만들어 파티에서 주식 시장이 안 좋아 펀드 매니저인 자기에게 아무도 말을 걸지 않을 때가 주식을 사기 좋은 시기라고 말했어. 위기가 기회란 말도 많이 들었을 거야.

　시장의 공포를 나타내는 지수들을 보면 시장이 공포를 느끼는 정도는 알 수 있지만 주가가 싼지 비싼지, 다시 말해 주가의 바닥을 찾기는 쉽지 않아. 몇 달 전까지만 해도 많이 떨어졌던 주식이 많이 회복했다가 다시 중간까지 떨어진 경우에 더 떨어질까 봐 못 사는 경우도 있고, 안 사면 다시 올라갈까 봐 걱정이 되기도 해.

그래서 중요한 것이 분할 매수, 분할 매도의 개념이야. 적립식 투자 방식DCA의 분할 매수 방식과 비슷해. 여러 번에 나누어서 사면 실수로 비싸게 사는 경우에도 더 떨어졌을 때 살 여유자금이 남아 있어서 평균적으로 싸게 살 수 있게 되지. 차트를 보며 기술 분석을 한 후에 사면 좋지만, 그렇지 못한 경우에도 시장에 조정이 올 때까지 기다렸다가 적절히 나누어서 사면 굳이 타이밍을 재지 않아도 돼.

시장의 수급과 심리적인 요소 등 많은 복합적인 요소에 의해 결정되는 주가의 바닥을 찾는다는 것은 불가능한 일이야. '무릎에 사서 어깨에 팔아라.'는 말도 있지만 그 무릎을 파악하기가 힘들어.

바닥을 찾는 것도 힘들지만 주가가 특정 시기에 최고점에 도달했는지도 알 수 없어. RSI$^{Relative Strength Index: 14일 기준}$ 등을 이용해서 70 이상 과열된 구간에서 적정주가를 넘어서서 목표주가에 근접했을 때 조금씩 분할해서 매도하며 열매를 따는 것, 곧 수익을 실현하는 것도 좋은 방법이야.

많은 사람이 사는 것은 잘하는데 수익 실현을 하지 못할 때가 많아. 자산 배분과 현금 비중을 유지하는 것이 더 중요한 원칙이라는 것을 알면 적당히 올랐을 때 수익 실현을 해서 현금 비중을 유지하는 것이 중요해. 공포에 사는 것도 어렵지만 욕심을 버리고 파는 것도 정말 어려워. 어깨에 팔면 된다고 하지만 그 어깨가 어딘지 불분명할 때가 많아서 분할해서 매도하면 고점을 파악하지 않고도 할 수 있어 좋아.

수익 실현을 하거나 저가에 줍줍하는 것은 비중 조절을 한다고 생각하면 돼. 주가가 많이 오른 주식은 포트폴리오 안에서 비중이 너무 높아지기 때문에 열매를 따서 비중을 줄이고, 가격이 너무 떨어진 주식은 비중이 줄었으므로 줍줍해서 비중을 올리는 거야.

시장의 공포를 파악하는 법

CNN의 Fear&Greed Index라든지 변동성 지수인 빅스CBOE VIX 지수, 풋 콜 레이시오Put-Call Option Ratio, 안전자산선호Safe Haven Demand 지수를 보면 사람들이 얼마나 공포를 느끼고 있는지 쉽게 알 수 있다.

RSIRelative Strength Index 지표 등을 보면서 장기로 30 밑으로 떨어진 경우에 과매도된 상태를 파악할 수 있는데, 이때는 공포가 팽배해진 상태라고 볼 수 있다. DCFDiscounted Cash Flow 등을 이용해 적정주가를 계산해서 이와 비교하거나, P/E와 같은 상대적 지표를 나타내는 벨류에이션이 낮아진 상태에 사는 게 안전하다.

빅수 지수는 20 미만이면 시장이 좋다고 말하지만 30 이상이면 공포가 팽배해 있다고 볼 수 있다. 안전자산선호지수는 안전자산인 채권 가격이 위험자산인 주가보다 더 잘 오르면 주식 시장이 공포 상황에 들어서 있다고 볼 수 있다.

파생 상품인 옵션 비율을 보는 풋 콜 레이시오는 특정한 가격에 주식을 팔 권리를 트레이더에게 주는 풋 옵션Put Option을 일정한 가격에 주식을 살 수 있는 권리를 주는 콜 옵션Call Option으로 나누는 것을 말한다. 트레이더들은 시장이 좋지 않은 베어 마켓에서 풋 옵션을 콜 옵션보다 많이 사서 주가가 떨어져도 높은 가격에 주식을 팔 권리를 확보한다. 이와는 반대로 시장이 좋은 불^{Bull} 마켓에서는 콜 옵션을 더 많이 산다.

풋 콜 레이시오가 0.7을 넘어가면 시장이 조정 국면에 들었다고 볼 수 있고, 1을 넘어가면 주가가 20% 이상 떨어지는 베어 마켓으로 들어갔다고 볼 수 있다. 풋 옵션이 많이 늘어나고 콜 옵션이 줄어든다는 말이다. 하지만 0.7 미만으로 0.5에 다가간다면 시장이 좋다는 의미로 콜 옵션은 늘어나고 풋 옵션이 줄어든다고 해석할 수 있다. 하지만 수학적으로 풋 옵션만 줄거나 콜 옵션만 줄어서 숫자가 변동하는 경우도 있기 때문에 절대적인 기준이 될 수는 없다.

수익 실현과 손실 방어

언제 열매를
따야 하는가?

가끔 자산 분배를 소홀히 해서 주식에 너무 많은 돈을 투자하여 시장에 조정이 왔을 때 적절히 대응하지 못하는 경우가 있어. 저점이라고 생각해서 주식을 많이 샀는데 더 떨어지거나, 월급 등 현금이 계속 공급되지 못하는 상황에서 주식에 너무 많은 돈을 넣는 경우에 이런 상황이 발생해. 따라서 주식 시장이 많이 회복하거나 호황일 때 기뻐만 하지 말고 수익을 실현해서(열매를 따 두어서) 언제 올지 모르는 조정장에 미리 대비해야 해.

하지만 자기가 팔면 주가가 계속 올라갈 것 같은 편향이 생기기도 해. 주가는 항상 떨어지지도 않을 뿐더러 항상 올라가지도 않는다는 것을 기억해야 해. 한참 올라가던 주가도 떨어질 때가 있고, 한참 내려가던 주가도 다시 올라가. 따라서 이러한 주가의 변동성을 잘 이용하면 주식 수를 많이 늘릴 수 있게 돼.

그런데 사람 마음이 한 회사에 호재가 나와서 계속 올라가는 상황에서 욕심을 버리고 열매를 따는 것은 정말 어려운 일이야. 주식을 팔았는데 그 이후에도 계속해서 올라가는 것을 보는 것만큼 마음 아픈 일이 없을 거야.

또한 주식 시장이 호황이었다가 갑자기 조정을 겪거나 폭락을 하는 경우에 냉철하고 이성적인 판단을 해야 하는데 손실 회피 편향, 확증 편향, 가격 편향 등 다양한 편향으로 인해서 판단이 흐려지는 경우가 있어. 일시적 조정인데도 손실을 회피하기 위해서 너무 일찍 주식을 판다거나, 오히려 손실을 피하기 위해서 장기간 조정이 시작되었는데 주식을 계속 보유하게 될 수도 있어.

회사나 섹터에 사정이 안 좋아져서 투자자들이 빠져나가는 상황에도 회사에 대한 확증 편향으로 계속 보유하고, 자신의 본전과 평단가를 생각하거나 기존의 고점들을 생각하면서 못 파는 경우도 생겨. 장기 조정과 폭락을 알리는 상황이나, 회사나 섹터에 긴 조정이 시작되는 경우 정확하고 냉철하며 이성적인 판단을 해서 조기에 손실을 방어하면 오히려 주가가 많이 싸졌을 때 재구입하여 수익을 내고 주식 수를 늘릴 수 있어.

장기 투자자에게는 수익 실현이든 손실 방어든 주식을 팔거나 열매를 따는 행위가 꼭 필요해. 월급과 같이 지속적인 현금이 들어오지 않는 투자자들에게는 여유자금 마련을 위해 더욱 중요하지. 주식을 거래하는 회사HTS나 MTS별로 다양한 주식 거래 기능을 제공하는데, 그중에서도 손실을 방어할 수 있는 좋은 기능을 제공하는 곳이 많아.

이를 잘 이용하면 수익 실현을 하는 동시에 손실을 최소로 줄일 수 있어.

스톱 로스와 트레일링 로스

HTS나 MTS에는 스톱 로스stop loss라든지 트레일링 로스trailing loss 같은 기능을 제공하는 회사들이 있다. 일정 가격 이상으로 주가가 떨어지는 경우에 자동으로 파는 기능이 스톱 로스 컷stop loss cut이고, 호재로 계속 주가가 올라가는 경우에 가장 고점을 찍고 몇 %나 얼마 이상 떨어지면 팔라는 기능이 트레일링 로스 컷trailing loss cut이다.

예를 들면 그날 장 중에 1,100달러이던 테슬라가 지지선인 1,090달러 미만으로 떨어져서 1,089달러가 되면 무조건 팔라고 지정해 놓고 1,089달러가 되면 시장 가격market price이나 지정 가격limit price에 팔라는 것이 스톱 로스 기능이다. 한참 잘나가다가 시장의 분위기가 꺾이는 경우나 그날 나온 소식이 장기적으로 주가에 크게 영향을 미칠 것 같은 경우에 특정 지지선에 스톱 로스를 걸어 놓고 손실 방어를 한다.

트레일링 로스 컷을 3%로 지정하면, 그날 호재로 테슬라가 1,050달러에서 1,070달러 등 계속해서 등락을 지속하며 올라가 1,100달러를 찍고 3% 가격인 1,067달러 미만으로 떨어지면 일정 부분을 파는 것이다. 이 경우에는 자꾸 수익을 실현하며 팔고 싶은 욕구를 억누르고 가장 고점까지 기다리다가 변동치 예상 가격인 3%보다 떨어지면 팔게 되어 적당히 높은 가격에 팔게 된다.

미국의 웬만한 플랫폼에서는 다 이 기능을 제공하는데 한국에서는 특정 증권회사에서만 제공한다. 이 기능이 없더라도 이러한 개념을 가지고 손실 방어와 수익 실현을 생각하며 주식을 거래하면 크게 도움이 된다.

주의할 점은 스톱 로스의 경우 어느 선을 지지선으로 보고 손실 방어를 할 것인가, 트레일링 로스의 경우 몇 %나 얼마를 수익 실현으로 잡아야 할 것인가이다. 이를 잘 파악하려면 그 주식의 최근 변동성을 보여 주는 ATR나 이동평균선 등 보조지표들을 활용할 수 있어야 한다.

장기 투자자에게는 차트를 통해 보는 기술 분석이 필요하지 않지만, 사고파는 매매 시점에서는 다소 도움이 될 것이니 공부해 두는 것도 나쁘지 않다. 장기 투자자는 주봉이나 월봉 단위로 보는 봉차트를 참고한다. 20일, 50일, 100일, 200일 등의 이동평균선을 보면서 단기 이동평균선이 장기 이동평균선을 깨고 떨어지는 데드 크로스 지점에서 손실 방어를 하고, 반대로 단기 이동평균선이 장기 이동평균선을 뚫고 올라가는 골든 크로스 지점에서 주식을 사는 것이다.

이동평균선들의 패턴을 보고 시장의 심리를 읽는 경우도 있다. 특정 가격에 저항을 받아 그곳에 도달하면 많은 수익 실현이 일어나서 가격이 떨어지기도 한다. 하지만 모멘텀이 좋아 매수세가 너무 강해서 그 저항선을 뚫고 지나가기도 하는데, 일단 지나간 그 저항선은 주가가 떨어지는 경우에 지지선으로 작용하게 된다. 사람들이 그 가격까지 다시 떨어지는 경우에 그 가격을 바닥이라고 생각하고 매수를 시작하는 것이다.

2021년 말 테슬라가 허츠라는 렌트카 회사에서 엄청난 주문을 받고, 2022년 베를린 공장과 텍사스 공장 등을 열고 실적이 좋아지면서 주가가 많이 올라 900달러를 넘어 1,200달러를 넘어갔다. 그 이전에는 900달러, 1,000달러를 넘는 것이 먼 미래의 일이라 생각되어서 사람들이 890~900달러 근처만 오면 수익 실현을 하고 팔아 버려 890~900달러는 일종의 저항선이었다.

하지만 최근 호재들로 모멘텀이 좋아져 890~900달러를 훌쩍 넘어가니까 890~900달러는 주가를 지지해 주는 지지선으로 작용하게 되었다. 그래서 주가가 많이 오르다가도 890달러 정도에 오면 사람들은 바닥이라고 생각하고 다시 사기 시작했다. 이러한 저항선 지지선들은 680~690달러, 790~800달러에도 있고, 890~900달러, 990~1,000달러에도 있고, 1,090~1,100달러에도 있다.

차트를 보면 이런 것들이 어느 정도 보이는데 주가가 고점까지 올랐다가 다시 하락하는 조짐이 보이는 경우 이 지지선 바로 밑에 스톱 로스를 걸어 두고 손실 방어를 해서 자금을 마련해 놓으면 더 많이 하락할 때 싸게 사서 주식 수를 늘릴 수 있다. 1,100달러까지 올라가서 1,090달러 정도를 지지선으로 보는데 1,089달러에 스톱 로스를 걸어 놓으면 1,090달러 지지선이 깨져서 투자자들이 테슬라 주식에 자신이 없어 주식을 막 팔기 시작할 때 적절하게 손실 방어를 할 수 있다. 이후 장이 안 좋아 990달러, 890달러, 790달러, 또는 690달러까지 떨어지면 다시 분할해서 조금씩 사기 시작하면 처음 가지고 있던 만큼의 주식을 차액을 남기고도 확보할 수 있다.

수익 실현을 위해 열매를 따려고 하면 세금이 걱정될 거야. 하지만 회사 상황이나 시장의 큰 조정이나 폭락으로 주가가 심하게 떨어지는 상황에서는 수익 실현을 하고 세금을 내는 쪽이 더 큰 이익이 될 때가 많아.

언제 파느냐에 따라서 세금 차이가 나는데, 미국에서는 1년 이상 보유한 종목의 장기 보유 세율은 이미 정해져 있어서 세금 차이가 나지 않아. 1년 이하 단기로 보유한 경우에도 1,200달러 하던 테슬라가

700달러로 떨어질 것 같은 상황이라면 1,200달러 목표주가에 수익 실현을 하고 세금을 낸 후 700달러까지 떨어졌을 때 다시 사는 것이 유리할 수 있어.

한국에서도 미국 주식을 하면 2022년 현재 22%의 세금을 내지만 250만 원까지는 세금공제를 받을 수 있으니까 적절히 활용하면 도움을 받을 수 있어. 물론 세금은 회피하려고 하기보다는 당연히 내야 하는 것이라고 생각하는 게 좋아. 하지만 가능한 한 세금을 적게 내는 것이 유리하니 적절한 시기에 수익 실현을 하면서 세금을 내는 것이 좋지. 미국에는 은퇴한 이후에는 수익이 없으므로 은퇴 이후 조금씩 수익 실현을 하면서 세금을 적게 내는 방법도 있어.

워시 세일

미국에는 워시 세일wash sale이라는 것이 있다. 손해를 본 종목으로 바닥 대비 많이 올랐지만 기업 전망이 좋지 않은 것 같아 정리하고 손실 처리하는 경우에 손실에 대한 세금 혜택을 연말에 받을 수 있다. 그해 1,000달러를 벌었는데 200달러를 손해 봤으면 800달러만큼의 세금만 내면 된다.

하지만 손실 처리한 종목을 한 달 안에 다시 사면 손해 본 금액이 다시 산 종목에 합쳐져서 평단가가 올라가 세금 혜택을 받을 수 없다. 이러한 상황을 워시 세일이라고 한다. 보통은 연말에 손실 처리를 하는 경우가 많으므로 11월 정도에 정리하면 한 달이 지난 후인 그 다음해 1월에 다시 살 수 있다.

딸아
주식공부 하자

4

대가의 입장에서 생각해라

"

　부동산이나 미국 401K 은퇴자금처럼 강제로 장기가 되는 상황이 아니면, 주식을 장기로 투자하는 것은 정말 어렵고 강한 정신력이 필요해. 주식은 변동성이 심하기 때문에 1년에 한두 번씩 조정기나 폭락기가 오면 주식을 팔고 싶을 때가 많아져.

　떨어지는 주식은 그 바닥이 어디인지 모르게 계속해서 하락하는 것처럼 보여서 통제할 수 없는 공포를 가져와. 물론 급하게 올라가는 거품의 시기도 오는데 그럴 때는 정신적으로 들떠 욕심을 조절하지 못하고 투자금을 계속 넣으며 쫓아가기도 해.

　멘탈은 조정이나 폭락기에 무너지는 경우가 더 많아. 떨어지는 장은 아무리 겪어도 적응하기 쉽지 않아. 무서운 것은 맨날 봐도 무섭거든. 아빠도 조정장을 견딜 정도의 멘탈을 쌓기까지는 꽤 오랜 시간이 걸렸어. 미국 주식에 적용되는 단기 거래 시 높은 양도세금이나 퇴직연금을 빼면 내는 10% 과징금 등의 조치에 의해 강제적으로 길러진 면도 있어.

　조정기나 폭락기가 와서 주가가 너무 떨어질 때나 그 조정의 시기가 너무 길어질 때는 지금부터 아빠가 하는 말을 명심해야 해. 특히 한국 주식 시장에서 주식을 계속 가져가야 하는 특정한 억제 장치가 없을 경우, 주가가 폭락했는데 여유자금마저 없을 때 더욱 도움이 되리라고 봐.

"

시간이 지나면
결국 다 올라간다

무서울 때는 기본적으로 대가의 입장에서 생각해 보는 게 좋아. '아직은 주린이라 그렇지.' 하고 인정하면서 조금은 자신에게서 멀리 떨어져서 '대가나 고수의 입장에서 보면 다를 거야.'라고 발상을 전환해 보는 거야. 예를 들면 가치투자자인 워런 버핏이나 피터 린치 같은 대가들은 이런 시기에 어떻게 생각하고 행동했을까 하고 곰곰이 생각해 보는 거야.

그들은 안전 마진을 생각할 것이고, 주가가 적정주가보다 많이 싸졌다고 생각한다면 조금씩 주식 수를 늘려 나가겠지. 평소에 보아 왔던 좋은 회사가 있다면 가격이 내려간 경우라도 그 회사가 망한다고 생각하지 않고, 오히려 기회라고 생각하고 계속 살 거야. 당장 몇 년 안에 오르지 않더라도 오랜 시간이 지난 후에는 결국 다 올라갈 거라는 것을 기대하지. 그들은 부자가 되려면 오랜 시간이 걸린다는 것을 이미 알고 있어.

대가나 투자로 부자가 된 사람들은 보통 사람들과는 멘탈이 달라. 주가 조정기나 폭락기에 좀 더 긴 안목으로 편안하게 그 시기를 보내는 것 같아. 피터 린치의 '텐 배거가 되기 위해서는 오랜 시간이 걸린다.'는 말과, 워런 버핏의 '돈은 조급한 사람에게서 인내심 있는 사람들에게 옮겨 간다.'는 말을 잊지 마. 시간을 시각에 따라 크로노스Chronos와 카이로스Kairos 두 가지로 나눌 수 있는 것처럼, 대가들이 보는 시간의 길이는 조급한 우리가 보는 기간보다 더 길고 깊단다.

대가들에게 1년, 2년이란 시간은 짧게 느껴질 거야. 그들은 최소 5년 이상의 긴 호흡을 가지고 주식 시장을 바라봐. 조삼모사와 같은 격언에서도 알 수 있듯이 장기적으로 보면 한두 해 손해가 나더라도 나중에 상승장에서 많은 수익을 내서, 여러 해 평균으로 보면 아무것도 아니야. 그런데 우리는 한두 해 손해 본 것으로 크게 상심하고 주식을 그만두기까지 해. 한두 해에 걸쳐 20~30% 손해가 나더라도 5년에 걸쳐 10% 이상의 수익을 냈다면 큰 성공이라고 볼 수 있고, 복리 효과를 기대해서 7년 안에 2배 이상의 수익을 거둘 수 있다면 아주 좋은 거야.

주가 뒤에 숨은
내재적 가치를 봐라

떨어진 주가에 너무 흔들릴 필요는 없어. 지금 보고 있는 주가는 단기 트레이더들이 만들어 놓은 허상 같은 거야. 때로는 조정이 와서 변동성이 큰 중소형주의 경우 50~60%까지, 심하면 80%까지 떨어지기도 하는데, 다시 여건이 좋아지면 다 회복하곤 해. 상대적으로 움직이는 주가를 절대적인 주가로 착각하고 심리적으로 흔들릴 필요는 없어.

절대적인 주가는 회사의 펀더멘털을 반영한 적정주가 또는 목표 주가라고 볼 수 있어. 물론 경영진의 부도덕한 모습이나, 회사나 섹터의 사정이 안 좋아지는 경우는 다른 이야기이긴 해. 하지만 장기적으로 보면 주가는 결국 회사의 내재적 가치와 펀더멘털에 맞게끔 올라가게 돼 있어. 따라서 주가를 너무 자주 확인하지 않는 게 좋아.

처음 자신이 산 주가 또는 평단가에 너무 집착한 나머지 자신이 얼마를 손해 보고 있다고 계속 자책하는 경우도 있어. 이를 기준점 편향anchoring bias 또는 가격 편향이라고 불러. 특정 가격으로 자신의 심리적인 가격 지지선을 정해 놓고 그것을 기준으로 판단하는 것을 말해.

가격 편향에 빠지면 조정기가 와서 평단가보다 떨어지면 괴로워하다가 평단가 근처에 오면 다시는 주식을 하지 않겠다고 하면서 팔아 버리는 상황을 종종 만들기도 해. 아니면 그 주식이 가장 올랐을 때나 가장 떨어졌을 때의 가격을 기준 삼아 적정주가 이상이 왔을 때 열매를 따지도 못하고, 안전 마진이 충분히 생겼을 정도로 떨어졌을 때도 매수하지 못하게 돼. 이러한 편견은 투자에 크게 방해가 돼.

따라서 자신이 계산할 수도 있겠지만 '신뢰할 만한' 애널리스트 (TipRanks에서 애널리스트들의 순위와 평점을 확인할 수 있다.)의 목표주가나 적정주가를 따라서 투자를 하는 게 현명해. DCFDiscounted Cash Flow 방식으로 적정주가를 계산하는 밸류에이션 방법이 가장 보편적인데, 요즈음은 GuruFocus같이 계산을 해 주는 웹사이트가 많으니 인터넷에서 찾으면 돼. 종목명Ticker Symbol과 DCF를 같이 구글로 검색하면 나오기도 해.

할인율을 나타내는 WACCWeighted Average Cost of Capital도 종목명과 WACC를 같이 구글로 검색하면 금방 찾을 수 있어. 미래의 현금흐름에 할인율을 적용해서 적정주가를 계산하는데 주관적인 가치인 프리미엄을 넣어 주기 때문에 100% 객관적이라고는 할 수 없어. 그래도 회사의 실적에 바탕을 둔 현금흐름 중심의 계산법이라 보편적으로 이용돼. 이러한 적정주가보다 많이 떨어지면 조금씩 나누어서 분할 매수를 하고 적정주가보다 많이 올라가서 목표주가를 달성하면 열매를 따는 식으로 하면 시간이 오래 걸리더라도 큰 수익을 낼 거라고 믿어.

주가는 단기적으로는 큰 파동을 그리며 변동성 있게 움직이지만, 장기적으로는 회사의 내재적 가치인 펀더멘털에 가깝게 형성돼. 펀더멘털이 좋은 회사의 매출이나 이익 성장률이 20%라면 주가도 장기적으로 20%씩 올라가는 것이 정상이야. 회사의 경영진과 직원들이 회사에서 열심히 일하고 회사의 발전을 위해 노력하는 것을 안다면 단기적인 주가 변동에 크게 연연해할 필요는 없어.

미디어에
흔들리지 마라

인터넷 등 다양한 매체를 통해 무수히 전달되는 정보의 홍수 속에 살고 있는 우리는 정보에 도움을 받기보다는 흔들릴 때가 더 많아. 따라서 잡음 많은 주식 시장에서 신뢰할 만한 정보를 잘 변별하여 들을 수 있는 능력을 기를 필요가 있어. TV, 신문, 유튜브 같은 소셜 미디어는 정보를 전달하는 역할도 하지만 그들 뒤에 숨은 기본적인 목적은 수익 창출이라는 것을 잊어서는 안 돼.

주가가 오르든 내리든 자본주의 시장의 미디어들은 광고주들의 이익을 대변하고 수익을 창출할 기회들을 찾아가. 미디어의 목표도 결국 돈을 버는 것이기 때문에 진실을 왜곡하는 가짜 뉴스도 있고, 부분적인 진실만을 내보내는 경우도 많아. 제목이나 섬네일도 '폭락', '조정' 등 자극적인 문구를 사용해 시청자나 구독자들을 모으려고 노력해.

특히 얼굴도 모르고 이름도 모르는 유령 유튜버가 보내는 정보는 저작권을 위반하여 외국 미디어를 그대로 복사하여 가져오거나, 허락 없이 번역한 경우가 많아. 외국 유튜브나 다른 유튜브의 내용을 불법적으로 복사하기도 하고, 무책임하게 자극적인 경우도 많아. '폭락'이나 '조정' 같은 말은 사람들의 마음에 두려움을 심어 주는데 내용에 대한 책임을 회피하기 위해 폭락 조정을 이야기하는 모건 스탠리 같은 유명 기관의 의견을 전달하며 부정적인 마음을 심어 줘. 또한 한 나라의 대통령이나 장관, 연준의장 같은 인물들을 비난하며 주가 하락의 희생양으로 삼고 조소하며 시청자를 늘리기도 해.

찰리 멍거는 "영구적인 손실이 발생하지 않는 상황에서 주식을 팔아 치우라고 하는 사람들을 피하라."고 말했어. 기관들이 그들의 이익을 위해 이용할 수 있는 미디어의 나쁜 소식에 시장 참여자들이 흔들릴 때가 많아. 벤저민 그레이엄이 이름 지은 미스터 마켓(주식 시장)은 조울증이 심해서 가끔 감정적이고 일시적으로 일어나는 심한 변동을 영구적인 것으로 착각하는 경우도 있지. 하지만 효율적인 시장은 오랜 시간이 지나면 결국 미디어가 만들어 놓은 거짓을 벗고 진실에 가깝게 가격을 반영하게 돼.

미디어가 주는 정보의 신뢰성을 구분할 수 있는 능력이 주식 고수가 되기 위한 필수 요건임을 잊지 않기 바라. 전문적으로는 정보 문맹에서 벗어나야 하는데, 정보 리터러시를 늘리려고 노력해야 해. 미디어에서 나오는 정보를 만든 작가나 기자·유튜버가 믿을 만한 사람인가, 가장 최근에 나온 정보인가, 틀리지 않은 정보인가, 회사의 한

측면만을 부각하는 부분 정보는 아닌가, 전달 과정에서 실수가 있지는 않았는가 등 정보의 신뢰성을 잘 판단해야 해.

　미디어는 주식에 대한 확증 편향을 갖게 하기도 해. 기업의 SWOT Strength, Weakness, Opportunity, Threat 분석을 통해 회사의 장점과 약점, 기회와 위협 등을 모두 고려해서 투자해야 하는데, 특정 종목의 장점만 부각해서 그 종목에 올인하게 만드는 미디어들도 있어. 이런 경우 회사에 위협이 되는 일이 전개되어 회사가 어려워지고 주가가 지속적으로 하락하여 영구적으로 손해를 입는 상황이 될 수도 있는데, 미처 손절하지 못해서 큰 손해를 입기도 해. 그러므로 다양한 정보 중에서 신뢰할 만한 정보, 회사의 미래에 장기적으로 도움이 될 만한 정보를 잘 찾아 공부해서 스스로 결정해서 투자하는 게 중요해.

후회하지 마라.
기회는 다시 온다

투자에서 후회를 하는 것은 위험한데, 결국 비이성적인 결정을 하는 경우가 많기 때문이야. 자꾸 과거를 돌아보게 되면 편향이 생겨서 적절하고 냉철한 결정을 하기 힘들게 돼. 오래된 데이터는 현재를 설명할 수는 있지만 미래를 예측하는 데는 전혀 도움이 안 돼. 현재는 동 시대의 시장 주체들과 상황에 의해 새롭게 정의되어야 해. 자꾸 후회를 하면 과거의 기억이 자신의 판단을 잠식하게 돼.

여유자금이 없는 상태에서 주가가 떨어졌을 때에는 무척 아쉬울 수 있어. 싸게 주식을 살 수 있는 기회였는데 현금을 준비해 놓지 못해서 기회를 놓쳤다고 후회할 수도 있지. 하지만 적정주가 이상으로 올라가서 열매를 딸 수 있는 기회가 다시 와. 또 이후에 다시 한 번 시장의 조정이 와서 이전의 싼 가격에 살 수 있는 기회가 찾아와.

따라서 당장의 주가 변화에 무서워하고 힘들어할 필요가 없어. 현금이 없어 싸게 사지 못했다고 해서 조급해하거나 아쉬워할 필요도 없고, 무리하게 따라가서도 안 돼. 특히 거품의 시기에 오른 주식은 결국 적정가치대로 회귀하는 성질이 있어. 좋은 주식을 잘 골라서 길게 보는 경우에는 지금의 주가 흐름에 너무 연연해할 필요는 없어.

고점에서 목표주가 달성이나 RSI가 너무 높아져 과열된 상태에서 열매를 땄다면 주가가 계속 더 올라갈 것 같아도 조급해하거나 불안해할 필요는 없어. 과열된 상황인 데다 목표가에 도달해서 욕심을 버리고 특정 가격에 주식을 잘 팔았는데 계속 올라가면 다시 그 가격으로 내려올 때 떨어지는 추세인데도 불구하고 팔았던 주식을 다시 사는 경우도 있어. 조금 더 기다리면 안전 마진이 생기는 싼 가격이 올 텐데도 판단이 흐려진 거지.

자산 배분을 잘하여 현금을 잘 보유하고 있는 게 더 중요한데도 현금만 가지고 있으면 불안한 사람들이 있어. 통장에 돈이 생기면 백화점이나 온라인 쇼핑 등 유혹하는 것이 정말 많아. 할인하는 옷이나 제품들이 눈에 들어오기 시작하거든. 열매를 딴 경우에는 주가가 계속 올라가도 후회하지 말고 다시 조정이 와서 같은 주식을 싸게 살 수 있을 때까지 현금을 들고 기다리는 인내가 필요해.

현금을 유지하기가 힘들면 주가 변동이 거의 없는 가치주나 방어주에 넣어 놓았다가 조정이 왔을 때 팔고 가격이 내려간 주식을 다시 사도 돼. 현금을 쓰지 않도록 강제로 떼어 둘 수 있는 장치를 마련하는 것이 정말 중요해.

바닥일 때
분할 매수하는 습관을
들여라

조정 기간이 길어지거나 공포감이 극에 달하면 사람들은 주가가 계속해서 떨어질 것 같은 불안감 때문에 주식을 추가로 구매하지 않아. 주가가 떨어져 그 회사에 대한 투자 비중이 줄어들었고, 그 이전에 열매를 따서 비중을 더 줄여 놨다면, 다시 살 수 있는 좋은 기회인데도 불안한 마음에 선뜻 투자하기가 쉽지 않지. 특히 사람들의 관심에서 자신이 가지고 있는 회사가 멀어진 것같이 느껴지며 언제 다시 모멘텀이 회복될지 막막하게 기다려야 하는 상황도 와.

하지만 회사가 건실하게 남아서 운영되고 있고, 장기적으로 실적을 내며 성장하는 상황에서는 분기별로 발표하는 실적이 호재가 되기 때문에 주가는 결국 다시 오르게 돼. 특히 외부적인 시장 요건으로 떨어진 경우에는 더욱 다시 회복할 확률이 높아. 아무도 관심을 가지지 않으면 주가가 떨어지는데 이때가 오히려 기회가 될 때가 많아. 이때는 그 회사가 지금 뭔가 좋은 호재를 내기 위해 준비하고 있을 거라는 믿음을 가져야 해.

　회사에 호재가 없어서 조용하면 회사가 마치 아무것도 하지 않는 것처럼 보여서 개인 투자자들은 인내하지 못하고 주식을 파는 경우가 있어. 그런데 사실 회사와 경영진은 열심히 성과를 내기 위해 뭔가를 준비하고 있고, 그것이 호재가 되어 나오면 주가는 다시 크게 회복을 해. 좋은 실적에 더하여 신상품이나 새로운 계약 또는 인수 합병 소식 등 1년에 한두 번씩 때가 되어서 나오는 호재를 놓치면 좋은 열매를 딸 수 있는 기회를 놓치게 돼. 따라서 시장이 좋지 않아 주가가 많이 떨어졌을 때는 오히려 기회라고 생각하고 용기 내서 조금씩 분할 매수하는 투자 습관을 들일 필요가 있어.

꽃을 꺾고
잡초에 물 주지 마라

피터 린치는 "꽃을 꺾고 잡초에 물을 주지 마라."고 했어. 좋은 주식, 나쁜 주식이라는 말은 틀린 말이지만 좋은 회사와 나쁜 회사는 있을 수 있어. 워런 버핏도 "수영장의 물이 빠지면 누가 벌거벗고 헤엄치는지 알 수 있다."고 했어. 좋은 회사는 조정기에는 주가가 떨어질 수 있지만, 좋은 실적들과 호재들을 내면서 다시 상승해.

사람들은 조정과 폭락의 시기가 오면 무서워서 가지고 있던 주식들을 팔고, 손해 본 것을 만회하기 위해 더욱 변동성이 크고 위험한 주식이나 암호화폐 또는 3배짜리 레버리지에 투자를 해. 더 나아가 파생상품이나 선물시장에까지 뛰어들어 큰 재산을 잃기도 해. 처음에 스스로 충분히 공부해서 좋은 회사라 생각해서 투자를 했다면 조정기에도 흔들리지 않고 들고 있는 것이 장기적으로 부자가 되는 길이야.

가만히 있으면 중간은 가는데, 주식을 팔거나 더 위험한 쪽으로 빠지면 돈을 잃을 확률이 커져. 물론 수영장 물이 빠지면서 잡초임이 드러난 주식에서 펀더멘털이 더 튼튼하고 모멘텀이 좋은 주식으로 갈아탈 수는 있지. 하지만 조정이나 폭락기에 다른 주식으로 갈아타는 경우 꽃을 꺾는 것은 아닌지 곰곰이 생각하며 신중하게 결정할 필요가 있어.

손해를 메워 보겠다는 마음으로 영끌해서 빚을 끌어 모아 변동성이 큰 위험자산에 잘못 투자하면 다시는 돌아오지 못하는 강을 건널 수도 있어. 자산 분배 원칙과 분산 투자를 철저히 지키면서 자신이 고른 꽃을 꺾지 않도록 노력하길 바라.

좋은 멘토의 말을
귀담아 들어라

혼자서도 투자를 잘하는 사람이 많지만, 뜻이 맞는 사람과 함께 투자를 하면 좋아. 대가들도 항상 팀을 이루어 함께 연구하고 토의하면서 투자를 결정했어. 워런 버핏과 찰리 멍거도 오랜 우정을 이어왔어. 유명한 대가들이 속한 펀드는 애널리스트들과 수학자들이 함께 모여 투자 결정을 해.

투자의 첫걸음을 떼는 사람이라면 처음 몇 년간은 실수를 많이 하기 마련이야. 운이 좋아 조정기의 저점에 잘 들어와서 큰 수익을 내더라도, 투자가 장기화되면서 찾아오는 조정기 때마다 무서워서 팔아 버리는 실수를 하게 되기도 해.

좋은 멘토를 만나서 훈련을 잘 받은 사람들은 실수를 적게 할 수 있어. 좋은 책을 통해 가상의 멘토를 만나 오랫동안 몸담고 있던 사람들의 실수를 미리 들어 보기도 하고, 적절한 충고를 받을 수 있어. 멘토나 다른 경험자들의 말을 귀담아 듣는 것이 중요한데, 특히 하지 말라는 것을 하지 않으려는 의지가 정말 필요해.

자신이 잘할 수 있다고 믿고 처음부터 자기 고집대로 투자를 진행하다가 크게 실패하는 경우를 많이 봐. 변호사, 의사 같은 똑똑한 사람들이나 수학자, 경제학자들한테 많이 발생하는 현상이야. 아무리 똑똑한 사람이라 하더라도 책을 많이 읽고 다른 사람의 실수들을 귀담아 듣고 같은 실수를 하지 않으려는 것은 굉장히 중요해.

골동품이든 미술품이든 부동산이든 회사에 대한 안목을 키우는 것 하나만도 굉장히 오랜 시간이 필요해. 적절한 전략과 매매 기술 등을 익히는 것도 시간이 필요한 법인데 자만하다가 크게 당하는 사람들이 있어. 단타 투자를 하는 경우에는 모의투자로 연습을 할 수 있지만, 장기 투자는 오랜 시간이 흐른 후에 결론이 나기 때문에 초기에 대가나 좋은 멘토를 만나서 첫 단추를 잘 끼우는 것이 중요해.

멘탈을 관리하는 게 특히 중요하기 때문에 시장이 무서운 상황이 되면 옆에서 용기를 북돋워 주는 사람이 필요해. 배우자나 친구들과 투자 상황에 대해 함께 얘기하면서 정신적 고통이나 스트레스를 풀어주는 게 좋아. 스트레스를 적절하게 관리하지 못하면 건강을 해치게 되고 장기 투자를 하는 데 방해가 돼.

딸아
주식공부 하자

5

부자가 되기 위해 명심해야 할 것들

장기 주식 투자는
인생과 비슷하다

장기적인 주식 투자는 인생과 많이 비슷해. 살다 보면 좋은 일도 있고 힘든 일도 있는 것처럼 주식 투자도 꽃길만 걸을 수는 없고 언제든 조정과 폭락장 등 고난과 시련이 찾아와. 이제 너도 자라면 대학에 들어가고, 사랑을 시작하고, 직장에 들어가고, 사업을 시작하고, 결혼을 하고, 아이를 키우고, 갱년기를 보내고, 은퇴를 하는 등 여러 번의 큰 이벤트와 힘든 시기를 지날 거야. 사람들은 삶의 여러 시기마다 도전을 시작하고 각 위기의 순간들을 잘 이겨 내면서 단단해지고 크게 성장해 나가지.

스탠포드 대학교 심리학과 캐롤 드웩Carol S. Dweck 교수에 따르면 마인드 셋이 사람의 인생을 바꾸어 놓는다고 해. 성장형 마인드 셋growth mindset을 가진 사람은 고착형 마인드 셋fixed mindset을 가진 사람과 다르게 위기나 고통 가운데에서도 좌절하지 않고 인내심으로 그 위기를 극복하고 성장하면서 기쁨을 찾아. 에디슨도 모차르트도 천

재라고 생각할 수 있지만, 그들의 성공 뒤에는 끊임없이 노력하며, 실패를 겪더라도 거기에서 무엇인가를 배우고 실패를 딛고 끊임없이 일어난 경험이 있었어.

아빠도 대학원을 마치고 유학을 가서 첫 직장을 잡기까지 6년 동안 가난과 언어 문제, 인종차별 등으로 어려운 시기를 보냈고 좌절도 많이 했어. 하지만 결국 포기하지 않고 인내하며 다시 일어서서 성장하며 지금까지 왔단다. 힘들었지만 결국 모두 지금의 나에게 도움이 되는 과정이었고, 지금도 계속하여 성장하려고 노력하고 있어.

주식에도 복리 효과가 있듯이 인생에도 복리 효과가 있어. 어려서부터 쌓은 지식과 능력, 기술들이 세월이 지나면서 다른 학문과 생활 영역에서 더욱 쉽게 적응하는 데 도움을 줘.

열심히 공부해서 어떤 회사에 믿음을 가지고 투자를 했는데 미스터 마켓은 끊임없이 감정적으로 미디어의 나쁜 뉴스들과 악재에 휘둘리며 주가를 변동시켜. 효율적 시장efficient market은 이러한 정보들을 결국 주가에 모두 반영하여 주가는 회사의 펀더멘털을 반영하는 원래의 자리로 돌아와.

하지만 조정이나 폭락이 오는 시장에서는 공포와 좌절로 마음이 많이 힘들어지는 상황이 빈번하게 연출돼. 특정 종목이나 섹터에 기간 조정이 오는 경우에는 몇 년씩 기다려야 하기도 해. 그럼에도 불구하고 창업한 회사에 투자자들이 장기적인 안목을 가지고 투자하듯이 자신이 선택한 회사를 믿고 오래 기다려 주면 많은 열매를 맺는

날이 올 거야.

아빠는 1997년 한국이 IMF 사태로 국가 부도 상태가 된 이후, 1998년 한국의 코스피 지수가 300선일 때 주식 투자를 시작했어. 삼성전자도 2019년 50대1 분할 전에는 주가가 3만 원대 초였어. 대학교 4학년 때 과외비를 모은 돈으로 주식을 사기 시작했는데 주식 시장이 살아나면서 처음에 샀던 삼성전자, 신한증권 등의 주식에서 엄청난 수익을 얻었어.

이렇게 위기 상황에 시작한 주식은 내게 큰 기쁨을 주었어. 하지만 그 당시 제2 종합금융회사였던 대한투자신탁이 부도나는 것도 경험했고, 상업은행이 반이나 감자되어 주식이 반 토막 나는 경험도 했어. 그래도 포기하지 않고 2001년까지 3년 정도 투자를 계속하여 수익을 잘 냈어.

그런데 2000년 후반부터 석사 논문을 쓴다고 잠시 주식 시장에서 눈을 떼고 기다리는 순간, 2001년 닷컴 버블이 터지면서 주식 시장이 붕괴되었어. 그때까지 벌어 놨던 모든 수익금이 한순간에 사라지고 투자금이 반 토막 나는 것을 경험했지.

2002년 미국 유학을 가서는 공부하며 가난과 싸우느라 잠시 투자를 접었어. 그러다가 2008년 첫 직장을 잡고 리먼 브라더스 사태가 났을 때 기회라고 생각하고 JP모건주식, International Equity Index Fund, 성장주 ETF펀드, 채권ETF로 미국에서 주식 투자를 다시 시작했어. 2011년 말에는 부동산에도 투자했어.

주식 투자를 하며 2015년과 2018년에 마이너스가 나기도 했지만, 지금껏 평균 10% 이상의 수익을 얻으면서 많은 돈을 모으게 되었고 계속 투자를 하고 있단다. 주식 투자를 하다 보면 회사가 망하는 경우도 있고, 시장이 좋지 않아 어떤 해에는 수익이 마이너스가 되기도 해. 하지만 포기하지 않고 인내하며 버티니까 평균적으로 보면 계속해서 수익을 낼 수 있었고, 투자금도 계속해서 증가하고 복리 효과도 얻으면서 큰돈을 마련할 수 있었어.

인생이 잘나가는 것처럼 보여도 10년에 한 번씩 정도는 위기가 오는 것처럼 주식 시장도 한 번씩은 큰 위기가 오는 것 같아. 마치 보험을 들 듯이 여유자금을 잘 준비해 놓았다가 그런 위기에 잘 대처하는 것이 중요해.

하지만 큰 위기는 예상치 않게 올 때가 더 많아. 그때의 상황을 돌이켜보면 어두워서 앞이 잘 보이지 않고, 하루하루 힘들고 답답할 때가 많은데 절망하거나 포기하지 않고 묵묵히 앞으로 한 걸음 한 걸음 나아갔더니 결국은 빛이 보이고 힘든 시기를 지나갈 수 있었어. 우리 인생이 점처럼 보여도 지나고 나면 하나의 선처럼 일정한 길을 따라 오듯이, 주식 시장도 지금은 오르락내리락 예상할 수 없게 움직여도 지나고 나면 결국 천천히 복리 효과를 내며 우상향하는 선들이 보일 거야.

과거는 미래를
말할 수 없다

앞에서 말했듯이 경영학자나 경제학자, 혹은 수학자들이 주식에 뛰어들었다가 실패하는 경우가 많아. 효율적 시장이라는 말이 있듯이 주가는 결국 시장과 회사의 모든 정보를 반영하여 균형을 이루게 돼 있어. 하지만 한 회사의 주가를 전체 주식 시장을 둘러싼 세계 경제와 그 나라 경제를 통해서만 분석하면 일부분만 해석하는 거야.

미스터 마켓은 지극히 심리적으로 움직이는 경향이 있고, 감정적으로 욕심과 공포에 의해 지배될 때가 많아. 한 회사의 주가가 시장에 의해 영향을 받다가도 어느 순간 실적만으로 움직이는 골디락스에 도달하기도 해. 냉철하게 경제 상황만 보는 채권 시장은 굉장히 부정적일 수 있지만, 주식 시장은 긍정적으로 바라보는 사람이 더 많아. 긍정적인 사람은 주식을 계속 들고 있으면서 장기적으로 우상향하는 시장에서 잘 버티며 수익을 낼 수 있거든.

주가가 형성되려면 주식을 사는 수요 측과 주식을 파는 공급 측의 적절한 균형이 일어나야 하기 때문에 사는 사람들이나 파는 사람들의 심리적인 면을 무시할 수 없어. 주가는 거시적인 매크로 환경과 회사 자체를 둘러싼 미시적인 면들, 회사의 경영진과 이사진들, 재무제표와 현금흐름, 경쟁 회사의 등장, 국내·국제 정세들, 공매도 세력들을 포함하여, 그냥 그 회사가 싫거나 좋아서 등 굉장히 많은 이유에 의해 결정돼.

미스터 마켓의 아이큐가 1,000이라고 해. 그래서 이처럼 많은 요소를 모두 고려해도 이해할 수 있는 것은 한 회사의 단기적인 주가에 불과해. 경제학자들은 수학과 통계를 돌려 이를 맞히려고 하지만 통계에는 오차범위라는 것이 있고, 하나의 가설이 100%가 아닌 90%의 확률로 그렇게 될 것 같다는 말은 할 수 있지만 양적인 분석만으로 충분한 데이터에 모든 변수를 다 적용해서 높은 확률로 앞을 예측하는 것은 불가능해.

또한 과거의 데이터에 의존하여 미래를 예측하려고 하는데, 현재 상황은 현재의 데이터로 분석해서 설명해야 더 정확해. 미래를 예측할 때도 현재의 데이터에 더 의존해야 해. 예를 들면 2022년 코로나 19 사태와 우크라이나 전쟁으로 인한 전 세계 공급망 문제, 양적 완화 등으로 일어난 인플레이션 문제로 인한 시장의 조정, 한 회사의 여러 내·외적인 펀더멘털에 연관된 상황으로 만들어진 특정 주가는 오일쇼크, 닷컴버블, 리먼 브라더스 사태, 연준이자율 상승 시기 등 이전에 있었던 비슷한 상황들과 연관 지어 억지로 설명하고 예측하려고 노력할 수는 있겠지만 과거의 데이터만으로 설명하고 예측할 수 없는 어려움이 있어. 그만큼 지금의 상황과 시장의 주체들은 새로운 요소가 더 많기 때문이야.

최근 많이 등장하는 뉴노멀이라는 말은 2008년 리먼 브라더스 사태 이후에 새롭게 떠오른 개념이야. 그 이전에 있었던 상황과 달리 새롭게 변화된 상황을 정상적으로 여기고 새롭게 시작하자는 개념이지. 이처럼 시대별·시기별로 위기가 닥쳤을 때 뉴노멀로 새롭게 상황을 정의하고 문제를 해결하며 앞으로 나아가려는 것은 그 사회의 성장과 발전을 위해 꼭 필요한 일이야.

주식 시장에서도 과거의 데이터로 현재에 짜 맞추려는 노력이 끊임없이 일어나는데 많은 전문가와 애널리스트가 과거에 집착하는 실수를 해. 현재의 새로운 상황을 정확하게 현재에 맞게 판단하여 예측보다는 대응을 하라는 워런 버핏의 말이 더 현실적이고 맞는 말이야.

위기에는 유연성 있게
포트폴리오를 조정해라

주식 시장이 과매도되었을 때(RSI 인디케이터 30 아래)나 과열되었을 때(RSI 인디케이터 70 이상)는 리밸런싱을 하기 좋은 시기야. 물론 비슷하게 좋은 것들 중에서 서로 바꾸거나 비중 조절을 할 수 있어. 좋은 것들 가운데 변동성ATR이 같은 종목들이 있어. 구글, 아마존, 마이크로소프트, 애플은 거의 비슷한 변동성을 가지고 움직여.

이러한 주식들 중에서 조정기에 특별한 이유 없이 더 많이 떨어지는 종목들이 있어. 그 종목을 보유하던 투자자들이 공포를 느껴서 빠져 나갔기 때문이야. 이런 경우에 조금 덜 떨어진 종목에서 더 많이 떨어진 종목으로 비중을 늘리면, 나중에 주가가 모두 회복했을 때 많이 떨어진 종목은 더 많이 올라오기 때문에 조금 더 수익을 낼 수 있어. 회복한 후에는 열매를 따고 다시 원래 종목의 비중대로 복귀시켜 놓는 거야.

회복 속도의 차이로 인해 최근에 호재가 있었던 종목이나 실적이 잘 나온 종목이 있다면, 시장의 영향으로 모두 조정을 받을 때 그 종목의 비중을 올려놓으면 포트폴리오가 빠르게 회복되는 장점이 있어. 어느 정도 회복되고 나면 아직 회복이 안 된 종목의 비중을 다시 늘려 주기도 해. 아빠는 이를 변칙물타기라고 해. 일종의 물타기인데 떨어진 종목을 더 살 때 이왕이면 최근에 모멘텀이 좋았던 주식을 더 사서 빠른 회복을 기대하는 거야.

상황과 모멘텀에 맞게끔 조정기에 유연성 있게 포트폴리오를 조정해 주면 빨리 회복하는 데 도움이 돼. 하지만 장기 가치투자를 하는 경우에는 굳이 이렇게 할 필요는 없어. 정신적으로 가만히 있으면서 버티는 게 가능하다면 여유자금으로 저렴해진 주식들만 줍줍하며 물타기하는 게 더 나을 수도 있어.

열정보다
인내가 중요하다

투자를 하다 보면 존 번연의 『천로역정』에서 주인공 크리스천이 화롯가에 앉아서 인내와 열정에 관한 이야기를 나누는 장면이 많이 생각나. 신앙생활을 하는 데는 열정보다는 인내가 중요하다는 얘기인데 장기 투자도 마찬가지인 것 같아. 너무 열정적으로 단기간에 승부를 내려고 노력하다가 실패하는 경우가 많이 있어. 조급함은 주식 투자의 적이라고 할 수 있지.

일단 한 회사에 투자를 했다면 그 회사가 일을 잘 하도록 인내하며 기다려 주는 것이 중요해. 마치 창업한 회사에 돈을 투자하면 아주 오랫동안 믿고 기다려 주어야 장기적으로 성공할 가능성이 높은 것처럼 말이야. 멘탈을 유지하는 것과 인내는 거의 같은 개념이라고 볼 수 있어. 인내할 수 있도록 도와주는 장치도 많이 있으니 그것들을 이용하면 좋아. 자산 분배나 분산 투자, 함께 하는 사람들 등이 오랜 기간 인내할 수 있도록 도와줄 거야.

헤밍웨이의 『노인과 바다』에서 노인이 된 어부가 커다란 물고기를 잡았지만 물고기의 힘이 너무 세서 바다에 끌려 다니다가 끝까지 인내함으로써 결국 그 물고기를 잡아서 집으로 돌아오는 모습과 비슷해. 무엇을 잡았는지, 언제 끝나게 될지 모르는 불확실한 시기에 오직 팽팽하게 끌고 가는 낚싯줄에만 의존해서 버티는 모습이 인상적이지.

주식 투자는 끝이 막힌, 다른 출구가 전혀 없어 보이는 동굴이라기보다는 인위적으로 파 놓은 터널 같은 거야. 은퇴할 때까지의 투자 기간 동안 가끔은 불확실하고 어두운 긴 터널을 지날 때가 있는데 그 길 끝에는 또 다른 출구가 있어. 그곳에 빛이 있다는 믿음을 갖고 기다려 준다면 그 투자는 큰 수익을 내 줄 거야.

마지막에 웃는 자가 최후의 승자라는 말을 많이 들어봤을 거야. 유명한 유방과 항우의 대결에서 강한 항우보다 약하지만 참고 기다린 유방이 한나라의 왕이 된 이야기처럼 투자의 세계도 웃으면서 인내하며 기다린 자가 결국엔 부자가 돼. 조정기나 폭락기에 운 좋게 목돈을 들고 와서 큰돈을 벌기도 하겠지만, 그런 홈런은 인생에 한두 번 정도 불과하고, 그 이후 다시 조정기나 폭락기가 오면 모두 날려 버리는 사람이 많아.

홈런을 치려는 사람은 헛스윙이 많아지고 몇 년 안에 밑바닥이 드러나는 경우가 많아. 그런데 한 번의 홈런 기억이 계속해서 발목을 잡기도 하지. 장기 투자자에게는 홈런보다 계속적인 안타가 더 도움이 돼. 인내하며 조금씩 수익을 내다 보면 마지막에 웃게 될 거야.

기다림의 시간을
잘 버텨라

한 무리의 사람이 어느 날씨 좋은 날에 낚싯배를 빌려서 낚시를 갔어. 모두 월척을 잡겠다는 마음으로 배에 올랐지. 1시간 넘게 배를 타고 바다로 나가 낚싯줄을 드리우고 낚시를 시작했어. 한 사람씩 물고기를 잡기 시작했어. 그러다가 한 사람이 1미터가 넘는 커다란 물고기를 잡았어. 모두가 친한 친구들이라 축하해 주고 기뻐해 주었지.

하지만 나는 두어 시간이 지났는데도 물고기를 못 잡았어. 참을성 없는 나는 월척을 잡은 친구가 부러워 그 친구와 자리를 바꾸자고 제안을 하고, 그 자리에서 다시 낚시를 드리우고 기다렸어. 하지만 나에게는 아무 소식이 없었어. 그렇게 두어 시간이 흐르자 자리를 바꾼 친구의 자리에서 또다시 월척이 잡혔어.

이 낚시 이야기는 주식 투자하는 우리의 모습과 참 비슷해. 주변에서 성공을 거두는 회사들을 보면 자신이 투자한 회사에 대한 믿음이 약해질 때가 자주 있어. 공부를 충분히 해서 전망이 좋아 보이는 회사를 골랐다고 생각했는데 주가가 오르지 않고 오랫동안 기다려야 하는 상황이 되면 마음이 흔들려. 하지만 회사에 대한 충분한 공부로 생긴 믿음이 있다면 포모 상태를 견디면서 이 기다림의 시간을 잘 버틸 수 있을 거야.

마음이 정말 아픈 것은 믿음이 약해져서 자신이 있던 자리를 버리고 다른 자리로 가는 경우야. 회사를 재평가해 보고 정말 좋지 않다고 결정한 경우에는 할 수 없지만 아무 생각 없이 투자금을 뺐는데 빼자마자 그 회사에 좋은 호재가 나와 올라가 버리면 마음이 정말 아파. 다시 사고 싶지만 이미 주가가 날아가 버려서 그 회사에 다시 돌아가지 못하는 경우가 많아. 새로 갈아탄 회사는 오히려 모멘텀이 안 좋아져 오래 기다려야 하는 상황이 되면 마음이 더욱 쓰리지.

아빠는 이럴 때가 가장 마음이 아파. 처음부터 관심이 없던 기업이면 상관없겠지만 조금만 더 기다렸으면 될 텐데 기다리지 못하고 모두 팔아 버리면 후회가 많이 남게 돼. 시장의 영향으로 주가가 많이 떨어지는 경우에도 회사는 여전히 잘 돌아가고, 경영진과 직원들은 뭔가 좋은 것들을 준비하고 있는 건데 그 기간을 못 기다려 준 거지. 아무 소식도 들리지 않고 주가가 떨어졌다고 해서 회사의 펀더멘털이 흔들린 것은 아닌데 말이지.

돈을 따려는 욕심을 버리고
잃지 않으려고 노력해라

'추락하는 것은 날개가 있다.'는 말은 아빠가 대학교 때 읽었던 책 제목으로 오랫동안 머릿속에 곰곰이 새기며 인생에 적용하는 문장이야. 욕심의 날개를 달고 높이 올라갔던 것들이 추락할 때는 사망에 이를 가능성이 높아. 이는 주식을 포함한 투자 시장에도 적용되는 것 같아. 자신의 욕심을 절제하지 못하고 사람들이 핫하다는 주식이나 위험성 높은 자산을 쫓다 보면 크게 손해를 볼 가능성이 높고 결국 주식 시장을 떠날 가능성이 높아.

2022년 스테이블 코인인 UST와 루나가 90% 이상 대폭락하여 20만 명 이상의 한국인이 돈을 잃은 것처럼 너무 위험한 자산에 몰빵 투자하면 회복할 수 없는 상태에 놓이게 돼. 마치 라스베이거스에 들뜬 마음으로 찾아갔지만 도박금을 모두 잃고 가까운 ATM기에서 찾을 수 있는 모든 현금까지 다 소진하고 라스베이거스를 떠나는 사람들과 같지. 한두 번은 성공할지 모르지만 단 한 번의 실수로 크게 바닥으로 떨어질 수 있어.

인간의 욕심은 끝이 없어서 강한 의지로 절제하지 못하면 끝도 없이 숫아 올라가. 단테의 『신곡』에서도 욕심의 죄를 경계하고 있잖아. 욕심은 더 많은 욕심을 낳는다고 말하는 것처럼 아무리 재산이 많고 투자금이 증가해도 만족하지 못하고 무리해서 투자를 하다가 모두 날려 버리기도 해.

주변에서 핫하다고 하는 변동성이 강한 주식들은 이미 고점을 찍은 경우가 많아. 욕심 많은 사람은 100%, 200%씩 몇 배의 수익을 얻었다는 주변 사람들의 말에 자신의 본성을 못 이기고 뛰어들기 마련이지. 너무 갑자기 뛴 주식들은 MDD^Maximum Drawdown가 높은, 고점 대비 변동성이 높은 자산일 가능성이 높아. 게다가 호재에는 소위 세력들이 주가를 크게 올리는 경우가 많아서 잘못 들어갔다가는 고점에 물려서 오랫동안 고생할 수 있어.

이런 주식들은 소문난 집에 먹을 거 없다는 말을 되새기며 신중하고 절제력 있게 접근해야 해. 최근에는 메타버스라든지 할부 관련된 핀텍 주식들처럼 갑자기 모멘텀이 좋아져서 확 솟구쳤다가 갑자기 꺼지는 종목들이 있어. 다시 그 모멘텀이 돌아오기도 하겠지만, 자신의 욕심을 못 이겨 포모 상태로 들어가 고점에 물리는 경우에는 한참을 기다려야 할 수도 있어. 주식 투자에서 성공하려면 욕심을 버리고 절제하며 열기가 빠지고 적정주가보다 많이 하락할 때까지 기다리는 것이 아주 중요해.

핫하게 올라가는 주식을 따라가지 않으려는 것도 중요하지만 다시 올라갈 거라는 막연한 희망으로 떨어지는 새를 잡지 않는 것도 중요해. 물론 공부를 많이 해서 꽃이라고 생각하는 주식일 수도 있지만 가격 변동폭이 있어서 몇 년 만에 가장 낮은 가격으로 떨어지는 경우도 있거든. 시장의 영향이나 일시적인 악재로 주가가 떨어져 조정을 받으면 짧게는 다음 분기 실적 때까지, 아니면 호재가 나올 때까지 아주 오랫동안 기간 조정을 받으며 기다리게 될 수도 있어.

장기 투자에는 돈을 따려는 욕심을 버리고, 잃지 않으려고 노력하며 절제하고 참는 것이 굉장히 중요해. 2022년에 테슬라 주식을 1,100달러에 산 사람이 있고 700달러에 산 사람이 있는데, 누가 욕심이 있었고 누가 절제력이 있었는지는 돌아보면 알 수 있을 거야. 눈앞에서 900달러, 1,000달러, 1,100달러씩 올라가는 것을 보면서도 따라가지 않고 있다가, 다시 700달러로 내려올 때까지 인내하고 절제하며 기다렸다가 모두가 공포를 느낄 때 줍줍하는 대담함과 결단력이 주식 시장에서는 정말 필요해.

변동성과 절제력

각각의 주식에는 주식 자체의 주가 변동폭이 있어. 보통 14일 정도의 ATR^{Average True Range}로 평균 가격 변동성을 파악하기도 하고, MDD^{Maximum Drawdown}처럼 한 주식이 떨어질 수 있는 최대 폭을 보기도 하고, 단순히 6개월 가격 변동폭으로 보기도 하고, 1년으로 보기도 해. 이 가격 변동폭은 시장 상황에 따라 올라갔다 내려갔다가 하는데, 그 변동성의 가장 바닥으로 내려올 때까지 기다렸다 살 수 있는 절제력이 필요해.

그 변동성의 가장 상승기에는 욕심을 버리고 열매를 딸 수 있는 절제력이 필요해. RSI를 보면서 70 이상의 과열기에 열매를 따고 30 미만의 과매도기에 줍줍할 수도 있고, 적정주가와의 격차를 보면서 열매를 따거나 줍줍할 수도 있어. 그러려면 원칙에 따라 행동하는 굉장한 절제력이 요구돼. 열매 따는 것은 예술의 영역이라는 말처럼 굉장히 어렵고 힘들어. 2022년 현재 91세, 98세까지 성공적으로 투자를 하고 있는 워런 버핏이나 찰리 멍거 같은 대가들의 영역일 수도 있어.

확신하지 말고
겸손하게 시장을
바라봐라

많은 증권 전문가와 애널리스트가 2022년은 2001년 닷컴버블 붕괴 상황과 비슷하다, 2015년에 연준이 이자율을 올리던 때와 비슷하다, 2017년 9월 연준의 대차대조표 축소 때와 비슷하다, 1981년 연준 의장이었던 폴 볼커Paul Volcker가 20% 이자율을 올렸을 때처럼 인플레이션을 잡기 위해 노력할 때와 비슷하다 하면서 과거의 데이터들을 끌어다가 미래를 예측해.

하지만 과거는 현재를 설명할 수는 있지만 미래를 예측할 수는 없어. 아무리 좋은 데이터와 차트를 끌어와서 분석해도 전문가들의 예상은 자주 틀렸어. 폭락이 온다, 조정이 온다 하던 사람들은 시간이 지나면 조정은 언제나 오니까 마치 맞춘 것 같아 보이지만, 자세히 보면 떨어진 이유와 시기는 정확하지 않아. 괜히 그로 인해 두려움에 사로잡혀 주식을 판 사람들은 다시 살 시점을 파악하지 못하다가 주가가 올라가 버려 다시 수익을 얻기 힘들게 돼.

주가의 흐름은 변호사, 의사, 경제학자 그리고 증권 전문가들도 절대로 맞출 수 없다는 걸 잊지 마. 주식 시장에는 해외, 국내, 기관, 헤지펀드, 큰손, 개인 등 수많은 종류의 투자자가 존재하고, 그들의 심리를 움직이는 수백 가지의 변수가 있어. 켄쇼 같은 슈퍼컴퓨터의 빅데이터에 의존해서 인공지능으로 투자를 하는 펀드들도 2022년 4월 현재 지난 1년간 30%의 손해를 보고 있어. 이처럼 스스로 똑똑하다고 믿는 사람들은 앉아서 금리를 예측하고 주식 시장과 주가를 예측하지만, 결국 확률이 낮은 의미 없는 시간임을 시간이 지난 후에 깨닫게 될 거야.

지나친 자신감은 오만이며 독이 된다는 것을 잊지 마. 아빠는 유튜브 '반교수TV' 미투리 마을을 운영하며 주민들께 아주 오랫동안 아이큐가 80이라고 말해 왔단다. 항상 스스로 실수를 저지를 수 있다는 것을 잊지 않고 겸손하게 시장을 바라보려고 노력하고 있어. 가끔씩 그것을 잊고 확신을 가지고 얘기했다가 깨진 적도 있어. 교만하게 확신에 차서 예측하는 것보다는 폭락에 대응할 수 있는 준비를 꾸준히 하는 것이 더 중요해.

투자 시장에서는 똑똑한 사람보다 끈기 있게 인내하며 준비하는 사람이 성공할 가능성이 더욱 커. 시장을 예측하기보다는 그 열정을 회사의 펀더멘털을 공부하는 데 쓰는 게 더 좋을 거야.

지나간 것은
지나간 것이다

주식에서는 멘탈을 잘 관리해야 해. 특히 자신의 기억을 잘 통제하는 것이 중요해. 과거의 기억은 주식 투자에 독이 될 때가 있는데, 어떨 때는 실패의 기억이 미래 투자의 중요한 밑거름이 되기도 해. 주린이 때 겪은 많은 경험 중에서 자신에게 가장 중요한 것이 무엇인지 끊임없이 되새겨 보면서 같은 실수를 반복하지 않는 것도 중요하단다.

그런데 무엇보다 중요한 것은 「걱정 말아요 그대」라는 노래에 나오듯이 '지나간 것은 지나간 대로' 의미 있게 흘려보내는 것이야. 많은 사람이 실패의 기억 때문에 위축되어서 조정기에 기회가 와도 자신감 있고 결단력 있게 주식을 사지 못하고 너무 많은 생각을 해. 반면에 성공의 기억이 많은 사람은 돈을 많이 벌었을 뿐 아니라 긍정적인 태도와 마음이 자리 잡아 계속해서 결단력 있게 투자하게 돼.

물론 이 성공의 기억은 한두 번의 홈런을 친 기억보다는 장기간 안타를 치며 기다려서 복리 효과로 부자가 된 기억을 가진 사람들의 이야기야. 실패하던 사람의 손실 회피 편향은 계속되는 손실 속에 위험 회피 경향을 띠게 되어 우량주나 가치주 위주의 투자만 하면서 조그만 조정에도 주식을 파는 실수들을 저지르곤 해.

하지만 주가의 조정 기간을 잘 견디고 성공을 해 낸 경험으로 긍정적인 사고방식이 길러진 사람은 주식을 계속 사 모아서 장기적으로 우상향하는 시장에서 많은 주식으로 부자가 될 가능성이 높아. 손실 회피 편향이 너무 높아진 사람은 위험이 닥칠 때마다 주식을 팔던 기억으로 자주 주식을 팔고 손해를 보며 부정적이 되기 쉬워. 지나친 손실 회피 편향으로 운 좋게 주식을 조정 초기에 팔아서 손실을 방어할 수 있던 기회를 잡기도 하는데, 그나마 이 타이밍을 놓치게 되면 멘탈이 붕괴되어 저점에서 대부분 매도할 확률이 높아져.

미국에는 먼데이 모닝 쿼터백킹Monday Morning Quarterbacking이라는 말이 있어. 미국에서는 미식축구가 가장 인기 있는 스포츠 중의 하나야. 미식축구는 필드의 코치라고도 불리는 쿼터백에게서 공격이 시작되는데, 이 쿼터백의 실수로 경기에 지는 경우가 많아. 일요일마다 경기가 열리는데 월요일 아침이면 진 팀의 쿼터백이 이런 저런 변명을 하며 자신의 실수를 만회하려고 해. 이것을 먼데이 모닝 쿼터백킹이라고 불러. 우리말로는 '월요일 아침 쿼터백의 변명'이라고 해석할 수 있어.

주식 시장에서도 아무리 오래 주식을 했더라도 실수를 하는 경우가 많아. 예측하지 않아야 하는데 예측해서 움직였다가 결과가 반대로 나오는 경우가 허다하지. 그러고 나서 자신의 실수를 인정하기보다는 누구 때문에 그렇게 됐고, 상황이 어쩔 수 없었다고 여러 변명을 늘어놓아. 골프를 못 친 날에 골퍼들이 하는 변명이 날씨 등 100가지가 넘는다고 하는 것처럼 말이야. 하지만 이러한 것들은 투자자들이 계속 남 탓만 하고, 스스로의 잘못을 인정하고 고치려고 하지 않게 만들어 장기로 하는 주식 투자에는 결코 도움이 되질 않아. 실수를 인정하고 그것을 하지 않으려고 노력해야 계속해서 발전하고 성장할 수 있어.

따라서 지나간 것들을 훌훌 털어버리고 실수를 기억하면서 멘탈을 긍정적으로 유지하며 버티는 훈련이 필요해. 운 좋게 조정기에 주식 시장에 잘 들어온 사람도 몇 년 안에 많은 조정장을 겪게 돼. 그럴 경우 처음 몇 년간의 실수들을 잘 기억하면서 다시는 그 실수를 저지르지 않겠다고 마음먹고 조정장을 긍정적인 마음으로 버티려는 노력을 계속 하는 게 좋아. 그러면 이후 몇십 년간은 조정장에서 더욱 편안하고 행복하게 투자할 수 있을 거야. 1,000만 원으로 3,000만 원을 만드는 동안 참고 기다리고, 3,000만 원이 1억 원이 될 때까지 참고 기다리며 성공한 사람들이 이후 100억 원까지도 모으며 슈퍼 개미가 될 수 있을 거야.

주식 투자하는 데 1억 원은 있어야 된다는 것을 잘못 이해해서 처음부터 1억 원을 빌려서 투자하는 사람들이 있는데, 고난의 시간을 지내보지 않고 빌려서 구한 1억 원으로 시작한 사람은 3,000만 원에서 1억 원을 만들어 본 사람들과는 멘탈이 질적으로 다르고 성공하기가 쉽지 않아. 따라서 1억 원이 있어야 부자가 되기 쉽다는 식으로 말하는 사람들을 조심하기 바라.

인생에서 성장적 마인드를 가지고 계속 도전하며 시련과 고통을 겪고 성과를 이뤄 낸 좋은 기억이 있는 사람은 단단하게 성장해서 어떤 상황에서도 웃을 수 있는 것처럼, 주식 투자에서도 지나간 것은 지나간 대로 나쁜 기억들과 위축시키는 마음은 빨리 털어 버리고 계속해서 극복하려고 노력하는 것이 좋아. 실수를 이겨 내고 긍정적인 멘탈을 유지하며 버틴 몇 년의 시간은 다가올 수십 년의 투자 기간에 좋은 밑거름이 될 거야. 몇백, 몇천으로 시작해서 계속 깨지면서도 버텨서 성장하여 만든 1억 원보다 더 값진 것은 없을 거야.

진짜 고수는
이 주식 저 주식
기웃거리지 않는다

투자 시장에 있다 보면 누구누구가 고수다라는 말을 많이 들을 거야. 초보들은 주린이라고 부르고, 어느 정도 몸을 담그고 있으면 중수라고 하고, 그 이상의 능력을 보여 주는 사람들을 고수라고 부르지. 어떤 이들은 수십 억 원 이상의 돈을 번 슈퍼개미들을 고수라고 부르기도 하고, 어떤 이들은 오랫동안 증권회사나 투자은행 등 기관에서 일을 한 사람들을 고수라고 부르기도 해.

그런데 이 많은 고수라고 불리는 사람들 중에 진정한 고수는 몇 명이나 될까? 대폭락의 시기에 운 좋게 싼 값에 주식에 투자했다가 아주 큰 이익을 얻은 사람, 단기 트레이더로서 오랫동안 일한 사람, 투자회사의 큰돈이 있었기에 더 과감하게 투자한 사람, 좋은 애널리스트를 만나 투자에 성공한 사람 등 다양한 사람이 있겠지.

착각하지 말아야 할 것은 단지 큰돈을 벌었기 때문에, 오랜 기간 투자했기 때문에, 미디어에 많이 나왔기 때문에, 많은 구독자를 보유

했기 때문에 고수라고 할 수는 없다는 거야. 기관에 있는 사람들이 개인적으로 투자해서 실패하는 경우도 많고, 많은 유튜버가 일시적 성공을 거둔 후에 많은 손실을 내고 포기하는 경우도 많아.

주식 시장은 변수가 너무 많기 때문에 그 누구도 어떤 주식이 단기간에 얼마나 오를지 예측할 수 없어. 고수라고 불리는 어떤 사람도 단기간에 어떤 주식이 몇 배 오를지 알 수 없어. 고수는 점쟁이가 아니거든. 종목 추천을 하는 경우가 많은데 그 종목의 펀더멘털이 좋다고 얘기할 수는 있어도, 그 어떤 고수도 앞으로 단기간에 주가가 오를지 내릴지는 예측할 수 없어. 네가 알 수 없고 이해할 수 없는 어려운 지표나 숫자를 얘기하면 고수처럼 보일지라도 예측은 불가능해. '좋은 기업은 장기적으로 주가가 오른다.'는 믿음만이 진실이야.

아빠가 생각하는 고수는 기간이 결정해 준다고 봐. 진짜 고수는 오랫동안 잘 공부하여 고른 종목들을 인내심 있게 보유하여 은퇴할 때 큰돈을 만든 사람이야. 세상에 많이 알려진 대가들, 즉 워런 버핏, 피터 린치, 벤저민 그레이엄, 존 템플턴John Templeton 등이 진정한 고수라고 생각해. 몇십 년 동안 꾸준히 수익을 내서 부자가 된 사람들이잖아.

주식 투자를 하다 보면 시장이 안 좋아서, 아니면 회사를 둘러싼 내·외부적인 요인으로 주가가 떨어지는 경우에 마음이 흔들릴 때가 많아. 이럴 때 회사의 펀더멘털을 다시 한 번 분석해서 회사가 앞으로도 잘할 거라는 믿음이 있으면 계속해서 그 회사를 들고 가는 것이 현명한 결정이야. 단순히 주가가 떨어졌다는 이유만으로 남들이 좋다고 하는 이 주식 저 주식 기웃거리며 돌아다니다 보면 위기가 올 때마다 새로 산 주식들을 팔아 버리게 되고 장기적으로 큰 수익을 얻기 힘들게 돼.

좋은 회사의 주식은 좋은 실적이든 어떤 호재로 인해서든 언젠가는 상승하고 장기적으로 좋은 결과를 줄 거야. 어설프게 최근에 주가 흐름이 좋았던 주식을 쫓아가다가는 오히려 고점을 잡고 주가 하락에 다시 팔아 버리는 상황이 비일비재하게 반복될 거야. 구독자 많은 유튜버가 고수처럼 보였지만 조정기에 단순히 주가가 떨어졌다고 이런 실수를 하는 것을 자주 봤어. 진정한 고수인지 초보인지는 나쁜 회사들과 마찬가지로 수영장에 물이 빠지는 조정기에 공포를 이기지 못하고 주식을 팔아 버려 벌거벗은 모습을 보면 알 수 있어.

결국 좋은 주식은 장기간 보유하면 오른다는 믿음을 저버리지 않기를 바라. 단기 트레이더가 아닌 이상 주식의 좋은 결과는 오랫동안 인내하며 기다린 기간에서 오게 돼. 회사의 펀더멘털에 영향을 미치는 소식들을 잘 연구해야 해. 꾸준히 잘 성장하며 수익을 내는 기업의 주가는 결국 오르게 돼 있어. 결국 시간이 답인데 단기간에 승부를 내려는 조급함이 투자를 망치게 되니 주의해야 해.

나방처럼 투자하지 말고
나비처럼 유유히 날아라

투자자는 나비처럼 여유 있게 날다가 빠르고 냉철하게 쏠 수 있는 능력이 필요하고, 독수리처럼 여유 있게 날다가 먹이를 보면 빠르게 날아가 낚아챌 수 있어야 해. 불나방처럼 뜨거운 불빛이 스스로를 태워 버릴 거라는 것도 모르고 무작정 덤벼들거나 하이에나처럼 모두가 먹고 떠나간 자리에서 남은 찌꺼기나 처리하는 상황을 피하려고 노력해야 해.

투자 시장, 특히 주식 시장은『꽃들에게 희망을』이라는 책에 나오듯이 오르는 절벽의 끝에 무엇이 있는지도 모르고 다른 애벌레들처럼 무작정 따라가다가 절벽으로 떨어지면서 크게 손해를 볼 수 있는 곳이야. 회사의 적정가치 이상으로 주식이 과열되거나 목표주가에 예상보다 빠르게 도달한 경우에는 열매를 따고 무리에서 벗어나서 거리를 두고 나비처럼 약간은 멀리서 그 끝에 절벽이 있다는 것을 볼 수 있는 혜안이 필요해.

박쥐나 좀비 같은 공매도 세력들은 경기가 좋을 때나 실적 기간에는 밝은 빛을 피해 동굴 속에 숨어 있다가 어둠이 내려오면 세상 밖으로 나오는 경향이 있어. 2009년과 2020년 양적 완화 조치들처럼 시장에 통화가 넘쳐나서 주식 시장이 불붙는 경우나 경기 사이클의 정점에서 경기가 너무 좋아 회사의 실적들이 잘 나오며 주가가 상승하는 시기에는 주식을 하지 않던 사람들이 돈을 들고 주식 시장에 찾아오는 경우가 많아. 특정 회사나 섹터의 호재가 나오거나 실적이 좋을 때도 특정 주식에 투자자가 많이 몰리는 경우가 있어. 이런 시기에 우리가 모르는 뒷면에서는 공매도의 비율이 낮아지면서 그 주식의 주가가 치솟는 경우가 많아.

어느 정도 주가가 고점이 되면 수익을 실현하려는 투자자들이 나타나기 시작하고, 동굴 속에 숨어 있던 공매도 세력들도 미디어들과 협력하여 시장에 어두운 그림자를 깔기 시작해. 멋모르는 개미들은 유튜버들의 펌핑 등으로 회사에 대한 무조건적인 믿음으로 계속 그 주식에 남아 있지만, 이미 주가는 하락 사이클을 그리며 떨어지기 시작해. 저점을 모르는 개미들은 회사에 대한 확증 편향을 버리지 못하고 중간중간 매수를 하지만 기관과 공매도 세력들은 계속해서 주식을 팔아 버려.

다시금 주가를 끌어올리려고 하지만 전고점에 도달하면 다시 이익 실현을 하고 공매도들은 더욱 달라붙어 쌍봉 같은 패턴을 그리며 주가를 떨어뜨려. 전고점까지 끌어올리지 못하면 그 근처 어딘가에서 헤드 앤 숄더 패턴을 그리며 떨어지는 경우도 있어. 마치 공이 반복적으로 튀겨지면서 중력을 못 이겨 탄력을 잃어 가듯이 주가가 데드 캣 바운스를 그리며 떨어지는 것을 목격하는 경우가 많을 거야.

주가가 떨어질 만큼 떨어지고 팔려는 세력들도 모든 주식을 다 팔면 바닥이 형성되는 커피출레이션capitulation이나 수렴concentration 현상이 발생해. 그곳에서 기관들은 저렴한 가격에 주식을 줍줍하고 공매도 세력들은 계약상 약속된 주식을 사는 숏 커버링을 하게 되면서 주가는 다시 상승하게 돼.

마켓 커피출레이션

커피출레이션은 '항복', '포기'라는 뜻으로 조정기나 폭락기에 주가가 떨어지면서 잃어버린 돈을 회복하는 것을 포기하는 것을 의미한다. 보통 손실 방어는 10% 정도 주가가 고점 대비 떨어졌을 때 하게 되는데, 이때 투자자는 주식을 모두 팔든지 계속 가져갈지를 결정하게 된다.

대부분의 투자자가 주식을 계속하여 가져가기로 결정하면 10% 지지선에서 반등하여 주식 시장은 다시 살아나게 되지만, 대다수의 투자자가 주식을 포기하면 주가는 가파르게 떨어지게 된다. 이러한 현상이 시장 전반에 걸쳐 일어나게 되면 마켓 커피출레이션market capitulation이 일어났다고 한다.

따라서 10%를 넘어서서 지수가 떨어지는 조정기 진입장이나 20%를 넘어서서 베어 마켓으로 들어가는 시점에서는 여러 요소를 고려하여 시장 분위기를 잘 읽고 손실 방어를 해야 할지 저점 매수를 할지 신중하게 투자 결정을 할 필요가 있다. 마켓 커피출레이션이 일어나면 시장 분위기가 더 악화될 것으로 보기도 하고, 주가의 바닥이라고 보기도 하는 등 상반된 해석이 가능하기 때문이다.

이처럼 주식 시장의 단편적인 모습을 심리적인 흐름과 함께 그려 낼 수 있는데, 안전 마진을 무시하고 핫한 주식을 따라가는 것은 무척 위험한 일이야. 기관들과 공매도 세력들의 심리까지 모두 읽어 내면서 단기 투자를 하는 것이 얼마나 어려운 일인지 깨닫기 바라. 가치투자자들이 적정주가를 보고 그 계산의 오류 범위를 정해 안전 마진을 가지고 쌀 때, 다시 말해 모두가 공포를 느낄 때 사는 것이 정말 중요하단다. 나방처럼 투자하지 말고 나비처럼 독수리처럼 여유 있게 유유히 훨훨 날아야 해.

장기판에
훈수 두듯이
투자해라

영화 「타짜」에 나오는 명대사 중에 '손은 눈보다 빠르다.'라는 말이 있어. 눈이 보고 뇌에서 처리하는 시간은 청각보다도 느리고, 모든 데이터를 소화해서 이성적이고 냉철한 판단을 내리는 데는 꽤 오랜 시간이 걸려.

주식창의 주가들이 움직이는 것들을 보다 보면 심리적으로 많이 흔들리게 될 거야. 주가가 올라가는 것을 보면 기분이 좋고 모멘텀 투자자들처럼 더 사야 할 것 같은 생각이 들고, 주가가 떨어지는 것을 보면 겁이 나서 팔고 싶기도 할 거야. 또한 주가가 올라가면 목표 주가에 달성하지 않았는데도 팔고 싶고, 가격이 내려가면 아직 더 떨어질 수도 있는데 사고 싶기도 해.

앞에서도 얘기했듯이 주가는 허상이야. 정말 의미 있는 주가는 적정주가나 은퇴할 때 파는 가격일 텐데도 우리는 매일매일 주가를 보며 일희일비하며 기분이 좋았다 슬펐다 해. 주가를 보고 있으면 심리가 흔들리면서 감정적인 면이 어느새 나를 사로잡아 전두엽에서의 이성적인 판단이 흐려질 때가 많아져. 주가를 보고 있으면 자기도 모르게 손이 움직여 주식을 사고팔게 돼. 이런 상황에서 하는 대부분의 매매 결정은 비합리적이고 충동적일 때가 많아. 한 회사의 주식을 사거나 팔거나 그대로 들고 가는 것은 굉장히 중요한 결정인데 순간적인 감정에 휩싸여 결정하다 보니 실수가 많이 나오게 되지.

따라서 주식을 매매하는 결정은 주가창에서 멀어져서 장기판에 훈수 두듯이 하는 것이 좋아. 직접 판에 뛰어들어 참여하는 경우에는 큰 숲이나 장기적인 흐름을 놓칠 때가 많거든. 미식축구에서 경기장 꼭대기에 있는 박스 관중석에서 헤드셋을 통해 코치를 하는 운영코치가 따로 있는 것처럼 큰 그림이나 흐름을 놓치고 눈앞의 가격에 휩싸여 결정을 하는 것은 위험한 일이야.

꽤 오랜 시간을 생각해서 판단하고, 미리 어느 정도 결정을 해 놓고, 항상 여유자금과 함께 플랜B나 차선책을 생각해 놓는 것이 중요해. 산책을 하면 오른발과 왼발을 자극하면서 좌뇌와 우뇌 사이에 뇌파가 잘 전달되어 생각이 잘 된다고 해. 눈을 감고 눈알을 좌우로 움직이는 훈련도 도움이 돼. 아빠는 산책하는 것을 좋아해서 주식을 사고팔기 전에는 10~15분 정도 정원을 걷거나 가까운 마트에 다녀오기도 해. 그런 식으로 오랫동안 생각한 후에 사야겠다거나 팔겠다고 결정을 하면 정작 잘못된 결과가 나오더라도 덜 후회하게 되고, 보통은 더 좋은 결과가 나와.

믿고 투자했다면
흔들리지 말고
지켜봐라

　행복한 투자 습관은 목적의식을 가지고 장기로 멀리 보면서 단기간의 주가 변동에 너무 영향을 받지 않는 거야. 주식 투자를 하다 보면 손해가 나는 경우가 있어. 아빠도 2015년과 2018년에는 손해를 봤어. 잃을 때도 있고 벌 때도 있지만 International Equity Index와 S&P 500과 같은 수동적 지수 추종 ETF와 대형 성장주 위주의 ETF만 2008년부터 14년간 계속 일정하게 투자금을 넣으며 가지고 있었더니 평균적으로는 꾸준히 수익이 났어. 14년 동안 가끔씩 얼마나 돈이 늘어났는지 확인은 했지만 크게 신경 쓰진 않았어. 그냥 평상시 삶을 살면서 우량 회사들을 믿고 맡겨 두었지.

　공부를 열심히 한 후에 회사를 믿고 투자했다면 오랫동안 지켜봐 주는 게 중요해. 물론 실적 발표나 인수 합병 소식 등 회사의 장기적인 성장에 영향을 미칠 소식들은 계속해서 확인해야 해. 하지만 대부분 회사에 영향을 끼칠 만한 중요한 소식은 1934년의 증권거래

법Securities Exchange Act과 관련 행정법에 의해 미국증권위원회Securities Exchange Commission를 통해 보고하게 되어 있어. 그래서 Edgar 데이터베이스 또는 회사 투자자 웹페이지를 통해 이메일을 등록해 놓으면 받아 볼 수 있어.

하지만 회사에 대한 관심이 회사의 펀더멘털에서 멀어져서 주가로 향하게 된다면 결코 행복한 투자를 할 수는 없을 거야. 회사가 성장하는 것을 보는 것도 기쁨이지만, 장기적으로 잘 성장한 회사가 은퇴할 때쯤 많이 올라 복리 효과로 보답하는 것으로 만족할 수 있다면 행복해질 수 있어. 2022년 전반기같이 투자자들이 갈피를 잡지 못하고 한 달에도 몇 번씩 변하는 시장 상황과 그에 따른 주가 변화에 민감해지면 스트레스도 많이 받고 절대 행복해질 수 없어.

에리히 프롬의 말처럼 자유와 사랑, 생산과 성장이 계속되어야 행복해질 수 있어. 가끔씩 콧노래도 부르고, 하늘도 보고, 계절의 변화도 느끼면서 행복을 느껴야 해. 직업이 아닌 이상 매일매일 변하는 주가에 민감해하면 자유도 구속되고, 사랑할 시간도 없고, 자신의 삶에서 성장이 힘들어져. 하늘을 보아도, 계절이 변하는 것들을 보아도 아무 감흥이 없고, 음악을 연주하거나 노래를 흥얼거릴 여유도 없는 삶으로 변해 버리면 결코 행복하지 않을 거야.

개인은 기관보다
시간이 더 많고
유연성이 있다

변동성이 심한 장에서 기관과 큰손을 포함한 세력들이 장을 선도하면서 스윙swing을 하는 경우가 많아. 시장에 호재가 있을 경우 큰돈을 움직이는 기관들이 주식을 선도해서 매입을 시작하면 소위 개미로 불리는 소액 투자자인 개인들이 이를 따라가면서 매입을 하게 돼. 어느 정도 주가가 올랐다고 생각하면 기관들이 수익 실현을 하면서 주가를 떨어뜨려. 그러면 개미들은 공포에 휩싸여 따라서 주식을 팔게 돼. 어느 정도 떨어뜨리면 기관들은 저가에 매수를 시작하고, 개인들도 판단에 실수가 있었나 하며 다시 따라서 사게 돼.

미국 시장에는 오전 9시 반에 장이 시작해서 11시 정도까지 심하게 스윙이 일어나는데, 이때 초보자들이 주가를 따라다니다가 크게 손해를 보는 경우가 많아. 단기 트레이딩을 많이 해 본 개인이라면 적절하게 매매하면서 수익을 낼 수 있고, 저점에서 잘 매수할 수 있어. 하지만 주식을 처음 하는 초보자들에게는 굉장히 어려워. 이는

189

기술 분석을 하고 차트나 패턴을 따라 움직이기 때문에 모의투자 등 훈련이 많이 된 사람들을 위한 시장이야.

빅스 지수가 20이 넘어가서 변동성이 심해지고 시장에 공포감이 심할 때 기관들이 팔기 시작하면 개인들은 덩달아서 파는 경향이 있어. 이를 기관들의 털기라고도 하는데, 가을에 가족들이 가을 산에 올라서 밤나무를 털면 우수수 밤들이 떨어지듯이 기관들이 조정장이나 폭락장에 털면 개인들이 우수수 떨어지며 주식을 팔아넘겨. 그 조정의 바닥에 먼저 주식을 팔았던 기관들은 훨씬 더 싼 가격으로 주식을 매집하기 시작하고, 주가가 올랐을 때 큰 수익을 남길 수 있지.

손실 방어 타이밍을 놓친 개인들은 뒤늦게 공포를 느끼며 주식을 팔고, 이미 바닥을 찍고 갑작스레 올라간 주식을 뒤늦게 사며 따라가 보지만 자기가 판 가격 이상으로 사게 되어 오히려 손해를 보게 되는 경우가 많아. 이처럼 기관들은 더 많은 정보와 큰 자금으로 발 빠르게 움직이는데, 이를 주가 변동만 보고 단순하게 따라 다니다 보면 시간적으로 한 템포 늦게 움직일 수밖에 없는 개인들은 큰 손해를 보기 마련이야.

하지만 이런 기관들의 스윙이나 나무 털기에도 개인들이 장점을 살리면 더 성공적으로 살아남을 수 있는 방법이 있어. 개인들의 장점은 기관들보다 시간이 더 많고 유연성이 있다는 거야. 기관에서 일하는 펀드매니저나 트레이더들은 매월, 분기별, 또는 연별로 실적을 내부적으로 보고해야 하고, 좋은 실적을 위해 단기적으로 수익을 실현해야 하는 압박감이 있어. RTS28, 10-K, 10-Q, 8-K 등 외부적으로도 주가에 영향을 미치는 회사의 운영과 실적 상황을 계속해서 밝혀야 할 의무도 있어. 실적을 내지 못하는 펀드매니저나 직원들은 회사를 떠나야 하는 상황에 처하기도 해.

하지만 개인들은 자금을 운용하는 데 훨씬 더 자유롭고 유연하고 시간도 많아. 펀드에서 마이너스 수익률이 난 해에 기관에서는 자금이 유입되지 않아 직원이 회사를 떠나는 상황이지만, 개인들은 당장 은퇴를 할 필요가 없기 때문에 다음 해를 기약하며 기다릴 수 있고 월급이나 다른 수익원을 통해서 투자를 지속할 수도 있어.

펀드매니저는 주식을 팔아 현금을 마련할 때도 비중을 유지해야 하는 등 내·외적으로 제약이 많지만, 개인들은 언제든지 회사의 상황이 안 좋으면 발 빠르게 주식에서 투자금을 회수할 수 있어. 기관들이 스윙을 하면서 단기적으로 주가를 움직이는 상황에서도 조금 더 길게 주식 시장의 변동을 바라보며 관망할 수 있지.

트레이더와 펀드매니저는 직업상 도달해야 하는 수익률을 맞추기 위해 스트레스를 받으며 여러 매체를 통해 그들이 가지고 있는 주식의 주가를 올리려고 피나게 노력해야 하지만, 개인들은 미디어나 주가 변동성에 흔들리지 않는다면 편안하게 오랫동안 관망하며 기다릴 수 있는 유리한 위치에 있다는 것을 잊지 않길 바라. 주식 시장이 정말 좋지 않다고 생각하면 당분간 수익을 내려는 욕심을 내려놓고, 주식 비중을 줄이고 현금 비중을 늘려 편하게 기다릴 수도 있어.

'신의 한 수'
같은 건 없다

충분한 공부를 통해 고른 좋은 종목은 결국 은퇴할 때 주가 상승으로 큰 보답을 해 줄 거야. 하지만 공부한 결과 정말 많은 회사가 눈에 보이더라도 그 회사에 모두 다 투자할 수는 없을 거야. 투자금에도 한계가 있을뿐더러 종목이 많아질수록 위험도는 낮아지지만 그만큼 수익률이 떨어질 수밖에 없거든. 따라서 투자금이 많을 때는 20~30개 정도, 투자금이 적을 때는 더 적은 수의 주식으로 주식 포트폴리오의 선택과 집중 전략을 펼쳐야 효과적이야.

특정 종목에 몰빵하는 전략은 굉장히 위험하다는 것을 다시 한 번 말하고 싶어. 자신이 투자한 기업은 경영진의 부도덕성, 상품과 서비스의 매출 감소, 비용 상승, 규제 환경의 변화, 자연과 사회 환경의 변화, 경쟁에서의 도태 등 다양한 이유로 상황이 나빠지거나 도산하기도 해.

콜 윌콕스Cole Wileox는 그의 책 『The Capitalism Distribution』에서

1983~2006년에 3,000개의 기업을 연구할 결과, 39%의 개별 기업이 돈을 잃었다고 해. 18.5%의 기업은 그들 가치의 75%를 잃었고, 64%의 기업은 평균보다 주가가 덜 올랐고, 단지 25%의 기업만이 인덱스의 상승을 견인했다고 해.

미국 투자 펀드를 평가해 주는 모닝스타Morningstar의 존 레켄텔러 John Rekenthaler는 2011~20년의 미국 주식들을 연구한 결과 인덱스는 13.9%의 수익률을 올린 반면, 단지 42% 이상의 기업만 수익을 냈다는 연구 결과를 발표했어. 3분의 1이 넘는 36%의 기업은 10년 동안 손실을 기록했고, 22%의 기업은 인덱스에서 퇴출되고, 다른 기업에 인수되거나 상장폐지됐다고 해.

따라서 주식 시장에서 신의 한 수, 또는 운이 좋아 어떤 종목에 몰빵했는데 크게 부자가 된 사람들의 이야기에 현혹되지 않기를 바라. 특히 늦은 나이에 투자를 시작한 사람들은 경험해 보고 자신이 투자한 회사가 망한 후에 후회하면서 돌이키기엔 위험 부담이 너무 커. 테슬라를 2018년 이전에 몰빵 투자한 사람들 중에는 지금 백만장자처럼 큰 부자가 된 사람이 많지만, 2019년 테슬라가 파산 직전까지 갔을 때 엄청난 위험을 감수해야 했어. 주식 시장에서 회사의 실적이나 성장과 상관없이 운이 좋아 지속적으로 주가가 올라간 주식은 거의 없어.

시장의 조정기나 폭락기에 운 좋게 주식을 싸게 사는 경우나 고점에 운 좋게 주식을 잘 파는 경우는 있지만, 이를 신의 한 수였다고 운으로 돌릴 수만은 없어. 이는 정말 운일 수도 있지만 노력하면 얻을 수도 있는 거야. 시장과 회사를 잘 분석하고 여유자금을 들고 기다리면 싸게 살 수 있는 기회는 얼마든지 오기 때문이야.

운은 스스로 만들어 간다는 말이 있어. 주식 시장에서는 운이 좋았다, 신의 한 수를 두었다는 말보다는 자신의 운을 스스로 만들어 가려는 노력이 더욱 중요해. 조정과 폭락의 시기에 멘탈을 잘 지키며 인내하고, 항상 조정과 폭락에 대비하면서 여유자금을 준비하고, 변화하는 회사의 적정가치를 잘 파악하고, 안전 마진인 저점에서 잘 분할해서 매수하고, 적정주가나 목표주가를 달성하거나 과열된 고점에서 잘 분할해서 열매를 따는 식으로 노력한다면 충분히 많은 수익을 얻으면서 부자가 될 수 있을 거야.

처음 투자할 때의
초심과 열정을
유지해라

성공한 사람들은 "초심을 잃지 말라."는 말을 많이 해. 오랫동안 인내하며 성공했지만 처음 시작할 때의 열정을 잃어버리고 성장을 멈추면 위기가 찾아오게 돼. 사람은 성장을 멈추는 순간 죽어 가고 인생의 불행이 찾아오기 시작해. 행복하기 위해서는 성장과 생산을 계속해야 해. 회사도 성장을 멈추는 순간 경쟁에서 도태되기 시작하고 결국 폐업의 길로 들어서게 돼. 제2차 세계대전 이후 1970년대까지 잘 성장하던 많은 기업이 지금은 사라지고 없어진 것을 보면 알 수 있을 거야.

회사에 투자를 할 때는 그 회사의 비전과 가치, 펀더멘털을 보면서 자신감 있게 시작했지만 여러 내·외부적 요인으로 주가가 변동성을 겪으며 떨어지면 인내심을 잃는 경우가 많아. 원칙을 지키면서 투자하는 것이 중요한 것처럼 은퇴할 때까지 장기적으로 투자하는 것이라 처음 투자했을 때의 마음가짐과 열정을 잃지 않는 것이 중요해.

물론 그 열정들은 자신이 투자하는 회사들에 대한 지속적인 관심과 공부라고 할 수 있지. 그냥 회사가 또는 운영진이 알아서 하겠지 하며 방치하는 것이 아니라 적극적으로 회사의 중요한 장기적 흐름을 읽어 나가면서 전화도 하고 이메일도 보내면서 관심을 가지는 것이 중요해.

회사의 펀더멘털이 좋지 않게 변화한 것을 알아채지 못해 회사에서 투자금을 회수하는 시기를 놓치지 않는 것도 중요해. 회사의 R&D 연구 개발 비용이 줄어드는 경우, 회사가 시장 상황과 상관없이 비용을 줄이지 못하는 경우, 매출이 계속 늘지 못하고 오히려 줄어드는 경우, 내부자들이 회사에 자신이 없어 주식을 파는 경우, 운영진의 도덕성에 문제가 있어 좋은 직원이나 연구원들이 회사를 떠나는 경우 등을 지속적으로 관찰해야 해.

반대로 회사에 장기적으로 더 큰 수익을 가져다 줄 기술의 개발이나 합병 등 펀더멘털이 더 좋은 쪽으로 변화하면 투자금을 더 넣을 수도 있어. 처음 투자할 때의 초심과 열정을 어느 정도 유지하면서 회사에 대한 공부를 지속적으로 해 나가길 바라.

포기하지 않고
길을 찾다 보면
터널의 끝이 보인다

네가 인생을 살아가면서 나아가고자 하는 길에 마치 동굴처럼 어둠과 불확실성이 있을 경우 우울과 공포에 사로잡히기도 할 거야. 하지만 그 시기를 벗어나려고 끈기 있게 노력하면 결국엔 잘 이겨 내고 더 큰 기쁨이 찾아온다는 것을 잊지 마. 길이 끊긴 것 같고 불확실하더라도 포기하지 않고 인내하며 길을 찾다 보면 동굴이 아닌 터널처럼 빛은 다시 보이고 결국 제 갈 길을 찾아내게 될 거야.

'반교수TV' 미투리 마을을 2020년부터 운영하면서 꽤 오랫동안 주민들과 미국 주식 투자를 하면서 많은 터널을 지나 왔어. 조정기가 오면 빛도 보이지 않고 칠흑 같은 긴 어둠의 터널을 주민들과 서로 손을 잡고 의지하며 지나갔지. 폭락이다, 조정이다, 주식을 팔라고 하는 박쥐들의 유혹이 있었지만 잘 견디면서 한 발 한 발 터널을 걸어갔어. 부딪치고 넘어지면 아팠지만 그래도 포기하지 않고 일어서며 걸어갔어. 어느새 빛이 터널의 끝에서부터 조금씩 보이기 시작하면 함께 소리치며 기뻐했어.

터널의 끝을 빠져 나오면 또 다른 터널이 나올 때도 있었어. 그러면 그 터널을 다시 함께 손잡고 헤쳐 나갔어. 여러 터널을 지나면서 맷집이 좋아지는 주민들을 보며 아빠는 무척이나 기뻤단다. 앞으로도 얼마나 많은 터널이 나올지 모르지만 깜깜한 어둠 속에서 방향감 없이 모두가 공포를 느낄 때 길을 잃지 않고 꿋꿋하게 그 터널을 지나올 수 있도록 아빠는 계속 빛으로 인도할 거야.

부록

나는 주린이인가? 고수인가?

다음 문제를 풀어 보라. 해당되는 개수가 당신의 수준이다.

- 20개 이상 당신은 아직도 주린이이다. 아주 조심스럽게 현금을 아껴 가며 조금씩 최소 6개월 이상 천천히 주식 시장에 접근해야 한다.
- 20개 미만 7개 이상 당신은 초보이다. 하지만 여전히 투자에 실패하여 돈을 잃을 가능성이 높다.
- 7개 미만 3개 이상 당신은 중수이다. 돈을 잃을 확률이 낮다.
- 3개 미만 당신은 고수이다. 장기적으로 주식 시장에서 부자가 될 확률이 가장 높다.

☐ 투자할 여유자금이 항상 없다.

☐ 인내심, 자제력이 없다.

☐ 회사의 재무제표에 관심이 없다.

☐ 회사 홈페이지에 방문한 적이 없다.

☐ 주식을 고를 때 남들이 좋다는 걸 산다.

☐ 매일 주가에 신경을 쓴다. 주가가 떨어지면 회사가 나빠 보인다.

☐ 투자한 회사의 경영진에 대한 정보가 없다.

☐ 시장 조정으로 주가가 폭락하면 주식을 판다.

☐ 핫한 주식은 이유도 묻지 않고 올라탄다.

☐ 주식 투자에 원칙이 없다.

☐ 원칙이 있어도 전략이 없고, 잘 깬다.

☐ 회사의 분기 실적과 매출 성장에 관심이 없다.

☐ 물빵을 좋아한다.

☐ 1년 이상 보유한 종목이 없다.

☐ 주식 숫자를 늘리는 데 관심이 없다.

☐ 주식 투자를 함께하는 친구가 없다.

☐ 투자한 회사의 목표주가나 적정주가를 모른다.

☐ 회사와 운영에 관심이 없다.

☐ 투자 관련 책을 2권 이상 읽어 본 적이 없다.

☐ 투자에 목적이 없다.

☐ 투자한 회사의 약점과 위험에 관심이 없다.

☐ 회사의 제품과 매출 성장, 섹터 내 유효시장(TAM), 경쟁성에 관심이 없다.

☐ 회사의 시가총액과 총 주식 발행 수에 관심이 없다.

☐ 회사의 콴트, P/E, P/S, P/B, PEG, EBITA, EBIT, EV/EBITDA, EV/EBIT, EPS, CAGR, ROE 등에 관심이 없고, 뭔지도 모른다.

☐ 포트폴리오 비중 조절, 리밸런싱에 관심이 없다.

☐ 빚내서 투자해도 괜찮다고 생각한다.

☐ 돈을 잃지 않으려고 하기보다는 따려고 한다. 주식은 도박이라고 생각하고 욕심을 자제하지 못한다.

☐ 고점을 잡은 후 주식의 본전 생각에 많이 오르거나 과열되어도 팔지 못하고 본전이 되면 바로 팔아 버린다.

☐ 팔거나 산 이후에 주가가 오르거나 떨어지면 후회가 되고, 감정 기복이 심하다. 내 결정에 책임을 지기 힘들다.

☐ 유튜브나 미디어의 단편적인 정보에 마음이 쉽게 흔들린다.